陪孩子走过
3~6岁
敏感期

李静 著

民主与建设出版社
·北京·

© 民主与建设出版社，2023

图书在版编目（CIP）数据

陪孩子走过 3～6 岁敏感期 / 李静著 . — 北京 : 民
主与建设出版社 , 2023.4
ISBN 978-7-5139-4189-1

Ⅰ . ①陪… Ⅱ . ①李… Ⅲ . ①学前儿童－家庭教育
Ⅳ . ① G781

中国国家版本馆 CIP 数据核字（2023）第 078259 号

陪孩子走过 3～6 岁敏感期

PEI HAIZI ZOUGUO 3～6 SUI MINGANQI

著　　者	李　静	
责任编辑	廖晓莹	
封面设计	焱　玖	
出版发行	民主与建设出版社有限责任公司	
电　　话	（010）59417747　59419778	
社　　址	北京市海淀区西三环中路 10 号望海楼 E 座 7 层	
邮　　编	100142	
印　　刷	唐山市铭诚印刷有限公司	
版　　次	2023 年 4 月第 1 版	
印　　次	2023 年 6 月第 1 次印刷	
开　　本	880mm×1230mm　1/32	
印　　张	6	
字　　数	108 千字	
书　　号	ISBN 978-7-5139-4189-1	
定　　价	42.00 元	

注：如有印、装质量问题，请与出版社联系。

陪伴是最长情的告白，不单单是对爱人，对子女更是。

在陪伴孩子成长的过程中，父母不仅可以培养、教育孩子，还能收获一段幸福的时光，发现一个更好的自己。但与此同时，相信很多父母都会遇到这样的问题：孩子比同龄人说话晚，是大器晚成还是有什么生理问题？孩子为什么不爱上幼儿园？孩子为什么总是那么傻，用自己贵的玩具和别人交换不值钱的小玩意儿？孩子为什么总对细小的东西特别感兴趣，教他认字，他却盯着墙上的小裂纹看上半天？为什么几乎每个孩子都喜欢玩沙和水，而且一玩就是大半天……

这种种令父母不解的行为背后究竟隐藏了什么秘密？翻开此书，你将走进孩子的内心世界，了解孩子种种看似无法解释的行为动机，熟知一个你从未意识到或者忽略了的问题——孩子处于敏感期。

一般而言，孩子的敏感期多出现在 3～6 岁。在此阶段，孩子会迸发出惊人的力量去狂热地学习、探究外界事物，因而接受教育的效果也最为明显，可以说敏感期恰恰也是孩子各项能力发展的黄金时期。如果家长能够把握好孩子在敏感期的行为规律，并加以科学的引导，帮助孩子正确运用自然赋予的生命助力，那么，孩子一定会更加健康茁壮地成长。

俗话说："3 岁看大，7 岁看老。"3～6 岁是孩子身心发展的关键期。因此本书着重和家长们探讨孩子在 3～6 岁敏感期内的种种特性、表现以及家长正确的应对措施，通过一个个真实、生动的故事，揭示关于孩子敏感期的奥秘，破解孩子健康成长的密码，帮助家长正确处理孩子敏感期内的种种问题。

希望这本书对父母们有用，尤其是年轻的家长们。当你一页页阅读本书，发出"噢，原来如此""竟然是这么回事"的感叹时，恭喜你，你正在运用这把"金钥匙"，破解孩子敏感期的秘密。有了这把"金钥匙"，相信你一定可以陪伴孩子顺利度过敏感期，让孩子成长为一个自信、有同情心、有安全感和创造力的优秀儿童。

目录

Part 1

3 ～ 6 岁敏感期：父母一定要懂儿童的行为和心理

Part 2

心灵教养准备期：给孩子足够多的心灵养料

Part 3

亲密关系关键期：规则、爱和自由一个都不能少

Part 4

入园磨合期：帮助孩子应对环境变化

Part 5

习惯养成黄金期：让孩子学会掌控自己的行为

品格塑造关键期：和善而坚定地引导孩子成长

规矩意识树立期：从日常惯例开始，让孩子懂规矩

Part 8

智能发展加速期：激发孩子的学习和阅读兴趣

Part 9

注意力训练期：7招教你提升孩子的专注力

人际关系敏感期：培养孩子良好的社交能力

想象力膨胀期：不要抹杀孩子的创造力

Part 12

行为发展叛逆期：以平和心面对你的"叛逆"孩子

Part 13

心理断乳期：给孩子最好的陪伴

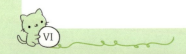

Part1

3~6岁敏感期：
父母一定要懂儿童的行为和心理

所谓"敏感力"，即孩子对外界环境影响所产生的特别敏锐的感受力。在敏感期，孩子会对特定事物或行为产生狂热的爱好与追求，因而在这一时期，孩子的学习能力也特别强。但是敏感力具有短暂性，这就要求父母要了解孩子的敏感期，把握这一阶段孩子的生理、心理特征，最大限度地利用孩子的敏感力，促进孩子的身心健康发展。

孩子为什么
变得任性了

在元元4岁的时候，妈妈发现，她每次吃完饭后总喜欢用袖子擦嘴巴。明明提醒她桌子上有餐巾纸，甚至把餐巾纸抽出来给她，她都视而不见，照样用袖子抹来抹去。更气人的是，元元有时候就像是故意做给妈妈看似的。妈妈不让她在床上吃东西，她偏要端着碗上床；大热天非要穿着冬天的靴子下楼去玩，而碰上天气变凉，想给她加件外套，她反而不愿意穿了。

这不，今天星期六，早饭过后，趁着爸爸在家休息不用上班，妈妈让他带着元元下楼去玩，自己在家大扫除，把家里好好收拾了一遍。洗衣服、擦玻璃、清厨房、清卫生间、扫地、拖地……忙完了这一切，妈妈已

经筋疲力尽，靠在沙发上一动也不想动。

这时候，门口传来了爸爸跟元元的声音，妈妈赶紧坐起身来，对刚进门的父女俩说："你们俩先把拖鞋换了，我这刚拖的地，还没有干，不然踩下脚印，我还得再收拾！"

爸爸没说什么，很快就换了干净的拖鞋。而元元听见妈妈的话反而来了兴致，爸爸妈妈还没反应过来呢，她就撒开腿从门口跑了进来，还故意在客厅里绕了一个大圈。顿时，干干净净的地板上就留下了一串黑黑的小脚印。

"元元！！！"妈妈感到既生气又无奈。

元元的这些看起来任性的行为，其实是执拗敏感期到来的表坝。

通常，孩子从 2 岁开始，随着自我意识的不断增强，自我意识与他人意识开始逐步分化，常常会不听从父母的建议和指令，变得固执己见，有时甚至出现反抗的现象，这就是心理学家所说的"执拗敏感期"。孩子这一敏感期的爆发高峰期出现在 3～4 岁，在这一时期，他们喜欢想当然地按照自己的意愿行事，而且这些行为常常不容变通。

在这一时期，孩子喜欢按自己的意愿行事，最明显的表现就是不与父母合作，甚至是故意与父母作对。不过，孩子并不是真的要与父母作对，只是执拗敏感期的一种本能排斥，是孩子自我意识的发展在作祟。父母要想与这个时期的孩子和平共处，就应该先了解孩子执拗敏感期的形成原因。随着孩子生活范围的扩大和探索能力的提高，孩子的自我意识开始萌芽和发展，他们渐渐发现自己可以控制的东西越来越多，也变得越来越喜欢挑战大人，并从中体会自我力量的强大。

执拗敏感期的存在，与孩子的心理发育特点密切相关，这是孩子在成长过程中难以逾越的，不以他们的意志为转移的阶段。如果家长不能坦然接受孩子的执拗，没有做好陪伴孩子度过这一时期的思想准备，没能恰当地采取应对策略的话，就无法保证孩子顺利度过这一时期，而孩子的心理也必定会受挫。因为当家长打破孩子的意愿或秩序时，他们的内心是会痛苦的，所以才会做出类似"拼命"的反抗。试想，如果孩子的内心经常被这种痛苦包围的话，他们的身心又怎能不受伤害呢？

孩子不是小大人，我们不能期待他们的行为会像成人一样理性而且自制，尤其是处于执拗敏感期的孩子，当他们提出什么要求的时候，家长一定要主动站在他们的立场去理解他们的内心世界，并尽量满足那些合理的或是非原则性的需求；对于那些不能满足的原则性的要求，也要学会理解孩子，用拥抱、讲道理、转移注意力、寻找替代目标的方法来平息孩子内心的痛苦。

由此看来，把握孩子的执拗敏感期就等于帮助孩子成长，而要解决孩子执拗敏感期的问题，则要求家长在爱和理解的基础上，学会智慧且灵巧的变通。只有变通得好，才能缓解问题，从而使孩子不可理喻的"胡闹"不再是问题。

尽管很多时候，孩子的所作所为在成人看来是那么的不可理喻，但是，一旦孩子的意愿被拒绝、干涉，他们的内心世界就会有一种强烈的不安感，极易变得急躁不安、大哭大闹，而家长也会常常被孩子的反常行为搞得气愤不已。

毫无疑问，孩子的表现遵循了自然法则，而很多时候，很多父母的做法却违背了孩子成长的这一规律。他们往往会一意孤行地对孩子采取讲道理、好言相劝的策略，甚至是用以硬碰硬的态度来对待孩子。事实上，父母与孩子的这种较劲只会让孩子对换鞋、洗手这些事更加排斥，最终不仅孩子难受、委屈，父母也是既无奈又气愤，可以说是两败俱伤。

因此，当父母遇到类似问题时，一是不要强行让孩子听自己的话，这样只会引起孩子的反感与反抗，甚至还会给孩子带来更大的心理伤害；二是要学会转变自己的教育方式，只要掌握了孩子的执拗心理，做一些变通，就能找到"对付"

孩子的妙招了。当然，最重要的一点就是，对处于执拗敏感期的孩子，家长一定要用心揣摩孩子的行为，并给予足够的尊重和理解，这样孩子才能顺利而快乐地走过这段执拗敏感期。

孩子认定的秩序动不得

　　因爸爸妈妈工作忙，筱筱断奶后就一直由奶奶带，跟奶奶的感情特别好。

　　最近由于天气变化，奶奶的风湿性关节炎又犯了，住进了医院。晚饭后，妈妈带筱筱去看奶奶，筱筱很懂事，跟奶奶保证一定会乖乖睡觉。回到家后，妈妈帮筱筱洗澡，脱衣上床，筱筱一直很乖。可当妈妈开始给她讲睡前故事时，发生了一件令妈妈非常生气的事。

　　当时，筱筱睡在被窝里，妈妈躺在她床边的躺椅上给她讲故事，就像每天晚上奶奶做的一样。可很快，妈妈就发现筱筱的注意力并不在故事上，她不安地在被子里翻来翻去，还不时起身盯着妈妈身下的躺椅看。突然，她说："妈妈，你起来，坐到床边给我讲故事。"妈

妈愣了一下，微笑着对筱筱说："妈妈今天很累，让妈妈躺一会儿好吗？"

"不行！"筱筱固执地摇着头，"妈妈，你不许躺着！"妈妈有些生气了："你这孩子，怎么这么不懂事？大人累了一天了，躺一会儿都不行吗？"妈妈打算不理会筱筱，继续躺在躺椅上讲故事。

"不行！不行！就是不行！"筱筱突然爆发出一阵尖叫，同时哭着来打妈妈手里的书。妈妈生气了，顺手在她屁股上打了一巴掌："叫你不听话！"妈妈放下手里的书，侧过身子假装睡觉。没想到筱筱放声大哭，哭得上气不接下气，甚至达到歇斯底里的程度。直到爸爸进来，将妈妈拉出房间，筱筱才慢慢止住了哭声。

"怎么回事，这孩子？"妈妈有些伤心。

"我问过筱筱了，她说那是奶奶的躺椅，你不能躺。"爸爸有些尴尬地说道。妈妈听了更伤心了。

　　筱筱的妈妈因为躺在奶奶的躺椅上给筱筱讲故事，就引起了筱筱那么大的反应，这的确有些令人伤心。然而，假如妈妈知道这只是孩子秩序敏感期的一种表现，就不会那么难过了。孩子的世界和成人的世界一样，是有秩序的，并且他们也需要

这种秩序。从出生开始，孩子就对秩序敏感，井井有条的物体摆放、整洁有序的房间环境、按部就班的时间作息，在有秩序的环境中成长能让孩子身心愉悦，并能潜移默化地让他们成长为一个有秩序、愿意遵守秩序的人。筱筱之所以对妈妈睡了奶奶的躺椅有那么大的反应，其实并不是她不爱妈妈、不心疼妈妈，而是因为妈妈打破了她心中的秩序。

对于孩子来说，秩序就是一种安全感。当秩序被打破时，这种安全感就会失去，孩子就会焦躁不安，甚至会出现大哭大闹的情绪反应。遇到这种情况，家长往往会很生气："这孩子怎么这么执拗呢？非要按照自己的意愿来行事！"一些脾气暴躁的家长甚至会抓住孩子，不由分说地揍一顿。这一顿揍，就彻底打碎了孩子心中自我构建的秩序，让孩子陷入深深的痛苦中，甚至对孩子的智能发展造成可怕的影响。当孩子在自己的环境中逐渐建立起内在秩序时，他们的智能也在逐步构建起来。

孩子的执拗或许正是家长最为头疼的问题，但是一定要尊重孩子的成长规律。作为父母，不要随意改变孩子的生活环境。当不得不改变时，一要尽量将孩子的不安降到最低；二要学会接受孩子的发泄，让他们通过哭闹将焦躁和不安发泄出来，那样孩子最终就能比较平和地接受已成的事实。

不要打扰孩子观察

　　最近，刚满3岁的融融自从看见爷爷用牙签剔牙后，非哭闹着要牙签不可。爷爷拗不过他，只得将牙签尖的一头磨平，然后给融融。从此，这根牙签就成了融融最宝贝的"玩具"。无论走到哪里，融融都紧紧地攥着它，甚至吃饭、睡觉都不肯放下来。

　　妈妈怕融融不小心戳到眼睛，想了很多办法，但就是没法将牙签从融融的手中拿下来。妈妈学过一些幼儿心理学，知道这是幼儿在一定时期对某种物体产生依恋的现象，长大后会好的，于是便不再强迫他了。可是，当融融迷恋上"插小洞洞"的游戏后，妈妈着实紧张了。

　　不知从什么时候起，融融对小孔、小洞产生了极大

的兴趣。只要是有孔的东西，融融都会想方设法将牙签插进去探一探。哪怕走在路上，发现了一个蚂蚁洞，他都会突然停下来，蹲在地上，专心致志地研究半天，最后还非要将牙签伸进洞中东戳西戳半天，才肯离去。这倒没什么，令妈妈紧张的是融融对家中的插电孔也产生了极大的兴趣，总想找机会到里面去"一探究竟"。他不仅用牙签，还将他那胖乎乎的小手指伸进插电孔，好几次都把妈妈吓出一身冷汗。为了解决这个问题，妈妈想了很多办法，比如恐吓他里面有大灰狼，吓唬他手指会被小孔里面躲藏的老妖怪咬掉，等等，但都收效甚微。

无论是融融喜欢细小的牙签，还是对小孔、小洞感兴趣，都是孩子正处于细微事物敏感期的一种表现。在这个敏感期中，孩子不但会对一些细小的东西表现出特别的兴趣，还能对一些在大人看来兴味索然的现象表现出极大的耐心，有时甚至令人惊讶。比如：看两只蚂蚁抬一颗米粒，孩子能蹲在墙角一看就是半天；看金鱼在鱼缸里游动，孩子也许能目不转睛地看上两三个小时。大人们或许会认为这没什么好看的，可孩子们却往往会兴味盎然、乐此不疲。

在观察事物方面，孩子有着与成人截然不同的视角。他们从自身的情绪和兴趣出发，对大人们毫不在意的细微之物，却往往能全身心地关注。孩子是最积极的观察者，在被大人忽视的细微之物中，他们常常可以捕捉到非凡的奥妙，并且乐在其中。因此，这一时期是培养孩子观察力和专注力的最佳时期，而作为父母，只要给孩子提供更多观察和体验的机会，并有足够的耐心，就一定能让孩子迈向构建想象力和专注力的世界。

在这一阶段，最忌讳家长用强迫性手段让孩子集中注意力在家长认为重要的事物上。比如，在用识字卡片教孩子识字时，孩子并没有关注图片或文字，而是盯着图片上某个污渍发呆。这时，有些家长就会发火，责骂孩子不认真学习，这实际上正是在扼杀孩子的观察能力和细心的习惯，而这些能力与习惯的养成要比简单地认识几个生字的意义大得多。

孩子总爱问为什么

"飞飞，睡觉了！"

妈妈喊飞飞来睡觉，可飞飞蹲在金鱼缸旁一动不动，还问道："为什么要睡觉？"

"因为睡觉就是休息，休息好了，明天我们才有精神玩啊。"妈妈知道"十万个为什么"开始提问了，于是便耐着性子回答。

"那金鱼为什么不睡觉呢？"

"金鱼也要睡觉的。你看，它们停在水里一动不动的时候就是在睡觉啊。"

"那为什么它们不闭着眼睛睡觉呢？"

"因为它们没有眼睑，不像我们人类有眼睑啊。"

"眼睑是什么？"

妈妈把自己的眼皮指给飞飞看，并合上、睁开，合上、睁开地演示了几遍。

"那它们为什么没有眼睑呢？"飞飞打破砂锅问到底。

妈妈有些回答不上来，也有些不耐烦了，但还是想了想说："因为金鱼妈妈生它们的时候忘记了。"

"金鱼妈妈为什么会忘记呢？金鱼爸爸为什么不提醒它呢？"

妈妈有些崩溃了："因为金鱼宝宝不乖，不肯上床睡觉，所以金鱼妈妈就不给它们眼睑。"

"金鱼宝宝为什么不乖啊？"

"飞飞！"妈妈的声音高了起来，"哪有那么多'为什么'？赶紧上床睡觉！"

"妈妈，金鱼宝宝为什么不乖？"飞飞固执地重复了一遍自己的问题。

妈妈火了，抬头看看钟，已经快10点了，于是在飞飞屁股上重重地拍了一巴掌："你这孩子，分明就是捣乱！睡觉！"

"我不要睡，我要看金鱼睡觉！"飞飞也高声喊起来。

妈妈不由分说地夹起飞飞进了卧室，卧室里传来飞飞的哭叫声。

这样的情景是不是很熟悉？或许每位家长都曾有过飞飞妈妈这样的经历。不知从什么时候开始，孩子的嘴里开始出现无数个"为什么"。刚开始，爸爸妈妈会感到高兴："孩子会提问了，多聪明啊！"可随着孩子的问题越来越多，爸爸妈妈常常被问得张口结舌，当觉得孩子的问题简直是滑稽可笑、不知从何答起时，就会认为孩子是在捣乱，于是常常在呵斥与责骂中结束问答。

殊不知，简单粗暴的回答恰恰是扼杀孩子求知欲和好奇心的罪魁祸首。从 3 岁开始，孩子对文化的追求和探索就在不知不觉中展开了，这正是儿童文化敏感期的萌芽阶段。如果家长能在这一阶段细致耐心地对待这棵幼苗，当孩子长到 6~9 岁时，就会表现出对事物强烈的求知欲望和探索精神。众所周知，求知欲望和探索精神是一切科学文化学习最强有力的动力，无数伟大的科学家、文学家和艺术家都有强烈的求知欲望和探索精神。

天空为什么是蓝色的？白云为什么会变化？花儿为什么闻起来很香？马儿为什么会跑？一加一为什么等于二？为什么

会有男孩和女孩……无数在大人看来不屑于回答或者根本没有答案的问题，却是孩子们探索世界的开端。不要因为觉得孩子们听不懂科学的解释就敷衍了事，鼓励的笑容和宽容的态度是对孩子最好的回答。尽管有些问题他们暂时得不到答案，但这种鼓励和宽容却能将他们对世界万物的好奇心和探索欲保留下来，而随之产生的想象力、理解力和思索力则会令他们在学习科学文化的道路上越走越远，越走越宽。

Part2

心灵教养准备期：

给孩子足够多的心灵养料

　　如同身体的健康需要物质营养，孩子心灵的成长与心理力量的强大也需要获取足够的心理营养。作为父母，在了解孩子敏感期的特征之后，必须慎重考虑如何帮助孩子解决敏感期出现的问题，关心、理解孩子，给予孩子足够的心理营养，帮助孩子顺利度过敏感期。

要让孩子知道
父母的爱是满的

恒恒妈妈最近有些哭笑不得，原因是恒恒对她的爱太"霸道"了。

上个星期，妈妈到幼儿园接恒恒，一个小女孩的家长还没来接，妈妈看见她脸上的鼻涕没擦干净，便拿出一张纸帮她擦。不料恒恒突然冲过来，拉着妈妈的手就往门外走："快走，妈妈！我们赶快回去吧！"妈妈说："我给小朋友擦完鼻涕就走。""不行！"恒恒大声说，"你是我的妈妈，你只能给我擦鼻涕！"说着，硬把妈妈拉走了。

还有晚上睡觉，恒恒本来自己有个小床，可最近他突然要跟爸爸妈妈睡大床。每天晚上到睡觉的时间，他就夹着自己的小枕头爬上大床，还非要睡在爸爸妈妈中间，要跟妈妈紧紧地挨着，把爸爸差点挤到床下去。早

上醒来，他第一件事就是摸一下妈妈，看看妈妈在不在身边。要是不在的话，就放声大哭，爸爸怎么哄都没用，非要妈妈来了才罢休。

很明显，恒恒进入了情感敏感期。在这一时期，孩子对身边的人，尤其是对自己最熟悉、最爱的人会产生一种近乎"霸道"的爱。这种爱表现在他们喜欢时刻跟自己所爱的人黏在一起，不愿意和别人分享所爱之人的爱抚与照顾；一旦发现自己所爱之人关注其他孩子或其他人时，他们会产生很痛苦、很烦躁的情绪。

那么为什么孩子会出现这样的情感期呢？主要原因有两个。一是安全感。孩子最初的安全感都来自妈妈，所以孩子对妈妈会有一种比其他任何人都强烈的爱和依赖，这种感情能给予孩子安全感。二是嫉妒。"嫉妒"并不是什么不好的词，而是每个人情感发展过程中必然会出现的一种情感。正是因为嫉妒，所以孩子非常排斥其他人靠近他们所爱的人，而想要独占所爱之人的爱。

所以，当孩子出现对父母或者其他人特别强烈甚至独占性的爱时，我们唯一要做的就是尽可能多地把爱给他们，让他们知道，父母的爱永远不会改变，永远不会远离。

允许孩子慢一点，
再慢一点

　　一位年轻的妈妈牵着一个4岁左右的孩子的手在林荫道上散步。

　　一只小狗跑了过来，卷卷的毛，十分可爱，孩子的眼神一下子就被吸引住了。他目不转睛地盯着小狗，一直到它在拐角处消失了，还一副意犹未尽的样子。孩子突然用力拽着妈妈的衣角往前拉，显然是想去追小狗。于是妈妈牵着孩子的手往小狗走的方向追去。追了好一段，终于在一家小院的门口看见了小狗，它正躺在一位老奶奶的脚下晒太阳。孩子用手指着小狗，妈妈知道他想摸摸小狗，于是便征得了老奶奶的同意。孩子摸着毛茸茸的小狗，开心得不得了。

过了一会儿，孩子心满意足地跟着妈妈离开了。走到银行门口，孩子又被不停开关且能发出"欢迎光临"的声音的自动门吸引住了。于是妈妈便被孩子拉着，在自动门里进进出出很多趟，直到孩子累了，才停下离开。

走了一段路之后，孩子不知怎么发明了一个游戏。他不停地爬到路边花坛的水泥边沿上，然后用力地跳下来。一开始，他还有些害怕，要拉着妈妈的手，可是很快，他就放开了妈妈的手，一个人跳上跳下。爬上去，跳下来，再爬上去，跳下来……就这样，他一个人乐此不疲地玩着这个看起来似乎索然无味的游戏，直到满头大汗。

"妈妈，我们回家吧。"孩子终于累了，拉起妈妈的手要求回家。可是快到家的时候，他又被石子路上的一只癞蛤蟆吸引住了。

"妈妈，你等等我哈！"孩子抬起头看看妈妈。

妈妈微笑着回答："好的，宝贝。"

他一直蹲在那里看着癞蛤蟆慢吞吞地消失在草丛里，才意犹未尽地抬起头，拉着妈妈的手慢慢朝家中走去，而这时，天已经快黑了。

看了这一片段，大家或许都会发出这样的感叹：一位多么有耐心的妈妈啊！其实，我想说的是，这更是一个聪明的、智慧的妈妈。她给予孩子的可不仅仅是耐心这么简单，她充分了解这个年龄阶段孩子处于敏感期，并且给予了孩子足够的心理营养和成长空间，让孩子慢慢成长。

"妈妈，你等等我。"有多少妈妈会在孩子提这样要求的时候微笑着回答："好的，宝贝，你慢慢来。"我们总是火急火燎地想让孩子成长为我们想要的样子，总是认为孩子在无关紧要的事情上浪费太多的时间。一只小狗、一扇自动门，还有一只丑陋的癞蛤蟆，哪里值得浪费一个下午的时间？不如背几首唐诗，学几首童谣。可是在这样做的时候，我们往往忽视了孩子发展最重要的因素：他们对外界事物热烈的爱和敏锐的感受力。他们在注视我们认为微不足道的事物时，他们在迷恋我们认为穷极无聊的游戏时，实际都是在飞速提升他们的各种敏感力，一旦这种学习过程被粗暴地打断，就有可能会影响他们的身心发展。

所以，让我们好好向上文中的妈妈学习吧，微笑地对孩子说："宝贝，你慢慢来，妈妈会等你。"

真正的爱是
没有条件的

　　放学了，孩子们陆陆续续地被家长接走了，最后只剩下新新一个人。他安静地坐在座位上，一会儿站起来往外看看，一会儿又坐下，焦虑不安地摆弄着手中的玩具。

　　过了一会儿，新新怯生生地走到老师身边，说："刘老师，妈妈不要我了……"新新红着眼睛，话没说完，眼泪就流了下来。

　　"为什么？妈妈怎么会不要你呢？"刘老师很吃惊。

　　"因为妈妈说，如果我在幼儿园不乖的话，她就不来接我了。"新新哭着说。

　　"你不乖？"刘老师想了半天，终于想起来发生在

午饭时的一件事。今天的午饭是胡萝卜菜肉饭，新新不喜欢吃胡萝卜，便把胡萝卜丁一个个地挑出来，放在手帕里，然后偷偷藏在桌斗里，不料却被明明发现了。明明报告了刘老师，刘老师批评了新新，告诉他不能偏食，之后便把这件事给忘了。

"不会的，"刘老师笑着说，"妈妈肯定是因为有事来晚了，再等一会儿，妈妈很快就会来的。"

"会的，"新新坚持说，"妈妈说过，如果我不吃胡萝卜，就长不高，也不聪明；如果我不高，也不聪明，妈妈就不喜欢我，就不要我了。妈妈说要把我扔给讨饭的，让我做他们家的孩子……"新新一边说，一边哭得很伤心。

刘老师这才恍然大悟：怪不得孩子一下午都没精神，一直神思恍惚，原来是在担心妈妈不要他。她把新新抱在怀里，和声细语地宽慰了很长时间。新新妈妈来后，她又和新新妈妈交谈了很久，严肃地指出了新新妈妈的错误——她的话对新新已经造成了很大的心理伤害。妈妈很后悔，她没想到自己随口说的话竟然有这么严重的后果。

当着老师的面，妈妈抱着新新，对他说："妈妈错

了。下次妈妈再也不说'不要你'之类的话了。你是妈妈最爱最爱的宝贝，不管什么时候，妈妈都不会不要你，不会不爱你。"新新紧紧地搂着妈妈的脖子，半信半疑地问："真的吗？"

"真的！不信，咱们拉钩！"妈妈坚定地说。

都说父母对孩子的爱是世界上最伟大的爱，是最无条件的爱，可是，真是这样吗？

多少次当孩子不听话、调皮捣蛋的时候，我们像新新的妈妈一样，对孩子说："再这样就不要你了！"这样的话，对于幼小的孩子来说很有震慑力，孩子往往会立刻变得很乖，然后按大人的意志行事，大人们自然也很开心。是啊，孩子乖巧听话，怎会不是一件舒心惬意的事呢？可是，当我们这样做的时候，有没有想过：我们给孩子又带来了什么呢？我们违背了他们内心的意志，忽视了他们内心的感受，用强硬的态度让他们不敢违拗，而我们所利用的武器正是平常口口声声所说的"对孩子无条件的爱"。

这一时期的孩子正处于爱的敏感期，尤其对于父母的爱，他们全身心地渴望并依恋着，这是他们最大的安全感。对于大人吓唬他们的话，他们并不知道那只是一种恐吓，而是会信以

为真，尤其是听到爸爸妈妈不要自己时，会更害怕、恐惧，完全失去安全感。我们难以想象，一句恐吓的话在孩子心中会引起多大的惊涛骇浪。所以，请爸爸妈妈们像自己所说的那样，真正无条件地爱孩子吧。给他关爱，给他指引，让他在爱的港湾中幸福成长！

父母这面镜子要时时擦拭

　　不知从什么时候起，6 岁的虎儿突然迷上了爸爸的手机。爸爸一下班，虎儿就立刻迎上去，讨好地帮爸爸拿拖鞋、拎公文包，有时还屁颠屁颠地给爸爸端来一杯水，目的就是拿到爸爸口袋里的手机。爸爸为了奖励虎儿，往往很豪爽地把手机往虎儿手里一塞："去吧，去玩吧！"虎儿拿到手机后，立刻跑到沙发上津津有味地玩起来。爸爸也很开心，很多次对妈妈说："你看，虎儿最近是不是懂事了很多？知道体贴大人了，还不捣乱，不再把家里搞得一塌糊涂了。"

　　可是妈妈却觉得越来越不对劲：虎儿现在对什么都不感兴趣，每天最大的期盼就是爸爸回家，拿到手机，

然后一个人玩游戏、看视频，有时候叫他吃饭都不肯停下来。可爸爸却不以为意地说："手机么，孩子长大后总要接触的，现在提早让他玩玩也没什么大不了。再说，安安静静地看手机，也不上蹿下跳了，也不一天到晚缠着大人陪他到楼下去玩了，我们大人可以各自做各自的事情，多清静！"

可是这样的清静很快就换来了"代价"：在幼儿园测试视力的时候，一向视力很好的虎儿竟然被查出了近视，不过幸运的是目前还仅仅是假性近视，通过治疗和保护，有希望可以恢复，但医生叮嘱一定要注意用眼卫生。比这更糟糕的是，妈妈发现原本活泼好动的虎儿现在变得有些孤僻、不合群，即便是妈妈带着他在楼下和几个孩子一起玩，他也是静静地依偎在大人身边，心里还总惦记着手机，时不时就翻妈妈的口袋，想拿到手机。如果妈妈不给他，有时他就发脾气，大哭大闹；有时就干脆拉着妈妈的手，坚决要早点回家。

妈妈意识到了严重性，很严肃地跟爸爸交流了这个问题，并达成了一致协议：以后在孩子面前，除了必要的接听电话、查看短信之外，绝不玩手机；将手机内的所有游戏和视频删除，告诉孩子手机最近出了点小故

障；更重要的是，要花更多的时间和精力陪伴孩子，给孩子讲故事，陪孩子玩游戏，带孩子出去走走、看看，和小朋友们一起玩耍。

果然，一段时间之后，虎儿渐渐忘记了手机，每天回家不是玩积木，就是抱着故事机听故事，视力很快又恢复了正常。更让妈妈开心的是，他又喜欢和小朋友们一起玩游戏了，性格也重新变得活泼开朗，以前的虎儿又回来了！

现代社会中，手机、电视、电脑、iPad 等各种电子产品五花八门，各类电子游戏、搞笑视频等也如大海般泛滥，令人目不暇接。无论是在等公交、办业务、还是在售票处排队，甚至在陪伴孩子玩耍时，每个大人手中都拿着一部手机，看得不亦乐乎。可是当我们沉浸于这些电子产品时，有没有想过会对孩子造成什么样的影响呢？

大人是孩子的镜子，当大人们沉迷于电子产品时，孩子也会对电子产品产生浓厚的兴趣。有些大人为了让孩子安静，让自己得以清静，甚至会主动把手机或电脑让给孩子玩。近些年，越来越多的孩子沉迷于电子游戏、网络动漫等，专家对此忧心忡忡。毋庸置疑，无论是从身体发育还是心理健康上来

说，电子产品对孩子的危害都是相当大的。有些孩子变得驼背、近视，有些孩子变得孤僻、偏激，这对他们今后的人生之路都会造成不可估量的影响。

其实孩子最需要的不是电子产品，而是父母的陪伴。只要我们能多多陪陪孩子，带孩子多出去走走、亲近自然，多与小朋友接触、互动，很快就能将孩子从电子产品的身边拉开。

Part3

 亲密关系关键期：
规则、爱和自由一个都不能少

父母是孩子最亲密的人，也是在敏感期对孩子身心发展影响最大的人。小到孩子的身心健康，大到孩子的世界观、人生观的树立，都与这一时期的亲子关系有着密切的联系。因此，建立和保持良好的亲子关系是父母的首要任务。

要懂得向孩子
表达你的爱

入夜了，甜甜和妈妈躺在床上，享受着一天中最温馨的时光——亲子阅读。

今天妈妈读的故事是《猜猜，我有多爱你》。

"小兔子要上床睡觉了，他紧紧抓住大兔子长长的耳朵。他要大兔子认认真真地听他说。

"'猜猜我有多爱你？'

"'噢，我想我猜不出来。'大兔子说。

"'我爱你有这么多。'小兔子说着，使劲儿把两只手臂张得大大的。

"大兔子的手臂更长，她也张开手臂，说：'可是，我爱你有这么多。'"

听到这里，甜甜也伸开自己的小手臂说："妈妈，

我也爱你有这么多。"

妈妈笑了，亲亲甜甜的额头，继续读道："小兔子想：嗯，这确实很多。

"'我爱你，就和我举得一样高。'小兔子说。

"'我爱你，和我举得一样高。'大兔子说。

"'这真的很高，'小兔子想：要是我的手臂可以和她一样，该多好啊！"

听到这里，甜甜嚷了起来："妈妈！这不公平！兔子妈妈是大人，肯定手臂比小兔子长啊！等小兔子长得和妈妈一样高了，不！比妈妈高了，就比妈妈的爱多了！"

"可是，你看，妈妈的手臂比你长，妈妈爱你那么多；等到你长得比妈妈高了，妈妈还是爱你那么多。妈妈对甜甜的爱永远都不会变。"妈妈温柔地说。

"对，甜甜的爱永远和妈妈一样多，甜甜爱妈妈也永远不会变。"甜甜紧紧地搂住妈妈的脖子。

妈妈继续讲着故事……

"妈妈，结束了吗？"甜甜意犹未尽。

"嗯，结束了，小兔子睡觉了，兔子妈妈也睡觉了，甜甜和妈妈是不是也应该睡觉了呢？"

"是的。"甜甜打了个哈欠。"但是，"她依旧圈住妈妈的脖子，"妈妈，我爱你比小兔子爱妈妈更多。因为，"她眼珠子转了转，说，"我爱你，从这儿一直到月亮上面，然后再绕回来，然后再到月亮上面，再绕回来，再到月亮上面，再绕回来……"

妈妈笑了，她也紧紧地搂住甜甜，轻轻地说："妈妈爱你，永远和你爱妈妈一样多。"

甜甜满意地睡着了，睡梦中还露出甜甜的笑容。

甜甜梦中的微笑是否深深打动了每一位父母的心？中国父母受传统文化的影响，大多认为爱的表达要含蓄，天天把爱挂在嘴边，多肉麻啊！可是孩子还小，他们没有办法去感受父母埋在心底的爱，他们需要的是切实的爱、肯定的爱、热烈的爱，同样他们也会把得到的爱回报给父母。敏感期的孩子对父母的爱尤为渴望，他们在专注大人是否爱他们的同时，也在学习如何去爱，如何表达爱。

研究证明，一个在小时候得到父母全心关爱的孩子，长大后更能成长为一个身心健康、精神乐观、阳光、自信的孩子，更会关心和爱护他人。所以，爸爸妈妈们，不要吝啬你的语言，要学会用最热烈的语言向孩子表达你的爱，让他们知道你有多爱他。让孩子遨游在父母之爱的海洋中，他们就会像鱼儿一样自由自在地快乐成长！

"你怎么看"
——亲子最佳引导语

　　小松父母每次带他参加聚会，都会受到亲朋好友的夸赞和羡慕，很多时候，更是被众多"取经者"包围，纷纷向他们请教"教子秘方"。在大家的眼里，小松聪明、大方，懂礼貌，更重要的是，他说话做事像个小大人，很有主见。特别是跟一群小朋友在一起的时候，小松每次都是无可争议的"小领导"，很有号召力，大家也都愿意听他的话，服从他的领导。

　　"这么优秀的孩子，你们究竟是怎么教出来的？"

　　每当听到这样的问话，小松的父母总是笑着说："其实也没教他什么，我们只是在遇到和他有关的事情时都会征求他的意见，听取他的想法而已。"

　　"征求一个6岁小毛孩的意见？"有人惊叫起来。更

多的人是不屑："小孩子懂什么？难不成大人都听他的？"

"不是说大人都得听孩子的，只是孩子也有自己的想法啊。"小松父母说，"大人不是'一言堂'，只有顾及了孩子的想法，尊重孩子的意见，孩子才能感受到平等、民主的家庭气氛，才能培养出自尊、自信、乐观的性格。"

小松的父母讲了一件事："小松上幼儿园中班的时候，我们看到很多父母给孩子报了兴趣班，学习舞蹈、跆拳道、画画什么的，我们也想给孩子报。但是我们并没有直接给他报，而是带他到培训机构去玩，看看他对什么感兴趣。小松被琴房的琴声吸引过去，然后就站在门口不肯走了。我们趁课间休息的时候对老师说，让小松摸一摸钢琴行不行。老师答应了，小松坐在钢琴上兴奋得不得了，东摸西摸，对这个有着长长的一排键、能发出美妙声音的大家伙特别感兴趣。回到家后，我们问他想报什么班，他说想学钢琴。于是我们就给他报了钢琴班。"

"可我女儿一开始也对钢琴挺感兴趣的，但学了一段时间后就不肯再学了，你们怎么就能坚持下来呢？"

"因为在一开始我们就对他说，学钢琴是很辛苦的，但这是你自己选择的，就一定要坚持到底。小松也有不想学的时候，我们当时也不强迫他，让他通过其他事情

放松一下，或者转移一下注意力，过后再慢慢引导他。总之是想办法让他坚持下去，但绝不采用打骂、恐吓等强制性手段。所以说，凡事听听孩子的意见和听之任之、没有原则地纵容是不一样的。"

尊重，是构建良好亲子关系的基础，只有当大人学会了尊重孩子，体谅孩子内心的想法，沟通才能真正地开始。

不要以为3~6岁的孩子是什么都不懂的小毛孩，他们正处于感知世界、自我觉醒的敏感期，虽然他们的身心都还远远没有成熟，但是他们的自我尊重和尊重他人的认知正在萌芽，因而也特别容易受到打击。

所以，大人应该给予孩子足够的尊重，因为这关系到他们一生的发展。我们父母的思想中往往还存在一些传统观点，认为孩子是自己的附属物，大人怎么决定、怎样安排，孩子就得怎样遵守。尤其是对于学龄前的孩子，更是认为他们没有思想、缺乏经验，所以做任何事情都是自己说了算，根本不去考虑孩子的感受，更别提征求孩子的意见了。而研究证明，一个在童年时期受到足够尊重的孩子，长大后会更加珍惜自己的权益，同样也会更加珍惜他人的权益。因为一对尊重孩子的父母，他们的行为本身就是在教育孩子如何尊重他人。

给孩子恰当的鼓励

　　星期天，妈妈和爸爸一起带布布到公园去玩，正好碰到了布布妈妈的一个朋友。朋友发现布布和爸爸妈妈的关系特别好，孩子也特别听话。朋友羡慕地说："你怎么把孩子教育得这么乖？我家儿子就不行，什么都和你对着干。真让人头疼。"

　　布布妈妈还没回答，正好这时，布布看到前边草丛上有一张废纸，他走上前捡起来，然后扔进了垃圾箱。布布妈妈大声说："布布真棒，不但知道垃圾不能随地乱扔，还会帮忙捡垃圾，清洁工阿姨要是看见了，肯定也会表扬你。"

　　布布开心地笑着，拉起爸爸的手往前跑。朋友对布布妈妈说："我发现你特别喜欢说'布布真棒！'这句

038

话，一会儿工夫，你都说了三四遍了。"

"布布特别在意大人对他的评价，这一点我在他两三岁的时候就发现了。"布布妈妈说，"所以对于他所说的话、所做的事，我都特别上心。每当他表现好，或者做了一件好事，我都会大声地表扬他。比如刚才，他把喝完的可乐瓶拿在手上很长时间，直到看见一个垃圾桶，才跑过去扔掉，我就表扬他了；再比如，他在玩独木桥的时候，看见一个小朋友比他小，他很自觉地让在一边，让小朋友先过，我也表扬他了。要知道，你的表扬就是对他行为的肯定，孩子就会知道他这样做是正确的，是值得骄傲的，那么他今后就会继续这种行为。经常表扬是一个反复肯定的过程，同时也是一个强化记忆的过程，久而久之，孩子自然越来越听话了。"

"嗯，这一招的确不错，我回去也得试试。"朋友说。

"但是你要记住，表扬孩子不能过于空洞，"布布妈妈说，"你发现没？我虽然一开始总是说'布布真棒！'但我接下来一定会把他刚刚做过的事重复一遍，让他知道自己究竟是因为什么受到了表扬。表扬孩子要具体化，而不是总把'你真棒'挂在嘴上。否则，孩子听腻了，以后可能就不买你的账了。"

"此外，还有最重要的一点，"布布妈妈笑着说，"千万不要滥用'你真棒'这句话，一定要在孩子的确做了好事，或者有好的行为表现时，才能大声表扬他。不能因为想让他听话而胡乱夸他是个好孩子。因为孩子会想：'我一点都不乖，还夸我真棒，那我索性不乖好了。'这可是我自己琢磨出来的真理哦。"

就像布布一样，处于敏感期的孩子特别在意大人对自己的评价，也特别在意父母对自己的感情。要想拥有良好的亲子关系，要想让孩子变得懂事听话，正面的肯定和表扬不失为一个好方法。因为当孩子听到你的表扬时，他感受到的不仅仅是肯定，还有你对他的关注和关爱，而这正是帮助他们树立自信的基础。

鼓励是家庭教育中比较重要的方法之一，每个孩子都需要不断的鼓励才能获得自信、勇气和上进心，这就像植物必须浇水才能生存一样。清代教育家颜元说过："数子十过，不如奖子一长。"

有位家长曾经抱怨过："我家的孩子实在是太顽劣了，我几乎找不到可以表扬他的地方。"没有人会相信这句话，每个孩子都有缺点，每个孩子也都有善良、可爱、纯朴的天性，细

心的父母总是可以从小事中发现孩子的闪光点。鼓励就是为孩子提供机会，培养一种信心：我感兴趣的事我有能力做好；我可以对周围的事物及我本人的生活产生影响；我可以对我感兴趣的事做出积极主动的反应。即便是有缺点的孩子，父母也可以在引导孩子逐步改掉缺点的过程中，为孩子的每一点进步而欢呼、赞扬。这样，相信孩子一定会变得越来越好，而你和孩子的心也一定会越来越贴近。

爱，但不禁锢

　　贝贝是闻名整个小区的"宝贝疙瘩"。因为不放心老人带孩子，贝贝妈放弃了自己的工作，专门在家带贝贝，将贝贝照顾得无微不至，贝贝生活上的一切，几乎都被妈妈包办了。贝贝6岁了，吃饭、穿衣、上厕所等生活小事，都是在妈妈的帮助下完成，更别说帮大人做些家务活了。像整理玩具、收拾自己的房间，贝贝根本毫无概念。贝贝妈妈一听别人建议让贝贝参与到家务中去，就会大惊小怪地说："孩子那么小，怎么舍得让他干活？"

　　妈妈不仅包办了贝贝在生活上的一切，就连活动以及和小朋友交往，贝贝妈妈也是"横加干涉"。比如，有一次，贝贝看见一个孩子在台阶上跳上跳下，他也来

了兴趣，爬上台阶，刚想往下跳，就被妈妈急匆匆地制止了："贝贝，那么高的台阶，万一摔伤了怎么办？"说着将贝贝一把抱了下来。贝贝羡慕地看着那个比自己还小的孩子欢乐地跳着台阶，眼睛里闪出和其年龄不相符的寂寥和孤单。

还有一次，贝贝在小区公共活动场所和一群小朋友玩，不知因为什么和一个小朋友起了争执，贝贝就开始哭，妈妈看见了，急忙跑上前，将贝贝紧紧抱在怀里，大声呵斥另外一个孩子。那个小朋友的家长看见了自然也不乐意，上前和贝贝妈妈理论："孩子的事，让孩子自己解决，大人插什么手？"双方几乎动起手来。之后，小区的大人看见贝贝都有些害怕，也不让自家的孩子和贝贝玩耍。贝贝妈妈自然求之不得，她生怕那些孩子一个小心碰伤了贝贝，可是每当贝贝紧紧地牵着妈妈的手，远远地望着孩子们在一起疯玩、开心地大叫时，眼中总是流露出强烈的渴望和淡淡的哀伤。

每位父母都深爱着自己的孩子，总希望给他们最好的照顾和满满的安全感，可是世间任何事情都有着两面性，有时候，爱，过了头，就变成了伤害。

贝贝在妈妈无微不至的照顾下，看似是幸福的，可贝贝真的幸福吗？看看孩子的眼睛就知道，孩子眼中那想要与小朋友玩耍的渴望，那与年龄不相符的哀伤与忧愁，就知道贝贝其实生活在妈妈爱的桎梏里，难以呼吸。可以想见，在这种模式下成长起来的贝贝，无论是生活自理能力还是心理健康发展都不太完善。

　　包办孩子的一切，其实就是剥夺了他们成长的乐趣。尤其对于处于敏感期的孩子来说，无论身体还是心灵，都在急速地发展着。作为父母，应该给他们提供一个自由、宽松、充满爱但是没有禁锢的环境，鼓励他们、帮助他们快速地发展，而不是以爱为名义，限制他们成长的自由。

Part4

入园磨合期：

帮助孩子应对环境变化

孩子入园后之所以哭闹，最重要的原因是他们对幼儿园的陌生环境感到害怕。从家庭环境过渡到幼儿园环境，你的孩子准备好了吗？作为家长，我们应该为孩子做更多准备，消除孩子对幼儿园的陌生感、距离感，顺利帮助他们度过入园磨合期。

几岁是孩子的
最佳入园年龄

月月的妈妈到国外进修一年回来后，月月已经3岁半了，于是赶紧找人把月月送进了幼儿园。

园长安排月月进小班，可月月妈妈不同意，她看看小班的孩子们，觉得月月无论是个头上还是能力上都比他们强。而且她觉得跟着小孩子容易幼稚，而要是跟大孩子们一起生活学习，能学到更多的东西，进步也能更快。于是她向园长提出，直接让月月上中班。

园长一开始不同意，说月月没有上过幼儿园直接上中班，怕她跟不上。月月妈妈说，幼儿园又不像小学，没有正规的课程，不存在能不能跟上的问题，还是坚持要让孩子进中班。最后园长只好答应月月妈妈的要求，但强调这只是"实习"，一个月后视情况再做调整。

不料只过了四天，月月妈妈就又找到了园长，说还是让月月到小班吧。原来月月到了中班之后，和周围的孩子相比，还是有很大差距的。首先，其他孩子都是从小班升上来的，在幼儿园已经待了一年，对园内的情况、老师、同学都非常熟悉，而月月初到一个陌生的环境，很不适应；其次，和大孩子在一起，月月没有一点"优势"，无论做什么，上课也好，游戏也罢，她都成了"尾巴"。孩子很不开心，回到家里闷闷不乐，每天早上也不愿意去上学。月月妈妈为了改变这种情况，主动找到园长，要求让月月重新进小班。

月月到了小班之后，这种情况很快就得到了改善。由于月月比同一班级的孩子大几个月，所以在自理能力和认知能力上还是有一定优势的。老师经常让月月充当小助手，比如帮助老师排排碗筷什么的，月月很积极，也很开心，很享受这一过程。渐渐地，笑容又回到了月月的脸上，甚至每天开始盼着上幼儿园。月月妈妈这才意识到，什么"超前发展"之类的都比不上孩子的自信和快乐来得重要。

孩子几岁上幼儿园是最合适的？这个问题想必很多家长都曾困扰过。的确，看到别人家的孩子2岁就进了小小班，自己的孩子如果不去，生怕一开始就输在了起跑线上，心有不甘；可是假如孩子2岁就送去幼儿园，又怕孩子太小，无法适应幼儿园的生活和教学。那么，孩子究竟在几岁上幼儿园最合适呢？

一般而言，我国规定孩子上幼儿园的年龄在3周岁，也就是说3~4岁的孩子上小班，4~5岁的孩子上中班，5~6岁的孩子上大班。这是有科学依据的。孩子太小，自理能力、对新环境的适应能力都比较弱，而一个班级往往又有几十个孩子，两三个老师实在没有精力能照顾得面面俱到，所以孩子无法适应这样的集体生活。而他们一旦有了不愉快的体验，就会对上幼儿园产生厌恶或恐惧，这些不好的体验则会直接影响他们今后的生活与学习。孩子满3周岁后，语言表达能力、认知能力和基本的生活自理能力都达到了一定程度，可以离开家庭和亲人，更好地适应幼儿园的生活与学习。同时，这个年龄段的孩子，需要更加宽阔的空间和新的集体来促进他们的身心发展，狭小熟悉的家庭生活空间已经不能满足他们的需要了。因此，这时把孩子送到幼儿园是最恰当的时机。

孩子的发展需要循序渐进，有的家长也像月月妈妈一样，认为自己的孩子能力强，可以直接上中班，其实，这对一般孩子来说是不适宜的。

在家模拟入园环境

过了暑假，欣欣就要上幼儿园了。为了让孩子能够更快地适应幼儿园的生活，妈妈决定利用暑假对孩子进行"入园培训"。

首先是心理上的准备。为了让孩子接受并喜欢幼儿园，妈妈经常给孩子心理暗示，让孩子对上幼儿园充满期待。比如当欣欣一个人在家觉得无聊时，妈妈就会说："欣欣马上要上幼儿园了，幼儿园里小朋友可多了，还有很多好玩的玩具，欣欣就再也不会觉得无聊了。"这样，让欣欣觉得上幼儿园是一件很有趣、很值得期待的事，而幼儿园则是一个比家更有意思的地方。

其次，妈妈开始着重训练欣欣的自理能力。因为妈妈知道，一个班级二三十个孩子，两三个老师是无法将

每一个孩子都照顾妥帖的，为了让孩子更好地适应幼儿园生活，最好的办法就是让孩子尽可能学会自理。

需要"培训"的内容真的很多，比如上厕所。为了教欣欣怎样脱裤子，怎样坐马桶，大便后怎样擦屁股等，妈妈反反复复不知教了多少次。这对于3岁左右的孩子来说的确是个"技术活"，好在欣欣妈妈有耐心，经过差不多两个月的"培训"后，欣欣已经基本掌握。

最后，妈妈按照幼儿园的生活作息表对欣欣的作息时间进行了调整。人体的生物钟很奇妙，一段时间内只要坚持不懈地按照一定规律进行作息，就会形成固定的生物钟。这对孩子来讲尤其如此。欣欣妈妈尽可能将欣欣一天的安排向幼儿园的作息时间看齐，比如入园时间是8：30，妈妈就每天坚持7：30叫欣欣起床。有时周末爸爸说让孩子多睡会儿懒觉，妈妈怕扰乱欣欣的生物钟，还是坚持让欣欣按时起床。12～14点是孩子们午睡的时间，以前欣欣很少午睡，暑假里妈妈就开始规定每天这个时间欣欣必须上床午睡。一开始欣欣睡不着，但妈妈不允许她下床走动，尽量保持家中安静。慢慢地，欣欣养成了午睡的习惯。

两个月的时间很快过去，9月份欣欣上幼儿园了。很多孩子在刚入园的时候有这样那样的不适应，可是欣

欣经过妈妈长时间有意识的"培训"后，仅用了一两天就适应了幼儿园的生活，还经常受到老师的表扬。♡

很多孩子在上幼儿园初始总有这样那样的不适应，虽然每个班级都有班主任、任课老师以及生活老师，但任何一个幼儿园都不可能按照一比一的比例安排一个老师照看一个孩子，因此家长在孩子入园前有意识地培养孩子的生活自理能力是十分必要的。

当然，让孩子接受并喜欢幼儿园，是第一步。欣欣妈妈的"心理暗示法"就非常有用。对于幼儿来说，让他们觉得有趣、好玩是让他们接受某一样新事物最快的方法。千万不可像有的妈妈那样，当孩子不乖的时候就吓唬他们："不乖的话就把你送幼儿园去，让老师收拾你。"当孩子把幼儿园和老师当作洪水猛兽时，你认为他还能愉快地接受吗？

家长认为幼儿园是培养孩子规律生活的最好的地方，其实为了让孩子能更快更好地适应幼儿园生活，提前帮助孩子形成生物钟是很好的办法。不妨向孩子将要入园的幼儿园要一张生活学习作息表，并提前按照表上的作息时间来安排孩子的生活与学习，一段时间后，孩子就会形成习惯。而习惯一旦形成，当孩子真正入园时，就不会觉得不适应，这对孩子、对家长、对老师都是一件好事。

柔和地平复孩子的
入园焦虑

　　东东上幼儿园了。第一天，妈妈送东东去幼儿园时，发现大部分家长和孩子都是红着眼睛、哭哭啼啼地分离，有的更上演撕心裂肺的"人间惨剧"。妈妈担心自己和东东也会受不了，于是将东东交给老师后，趁东东不注意，就偷偷溜走了。

　　后来妈妈打电话给老师问东东的情况，老师说东东哭了一小会儿就停止了，妈妈听了很放心。可放学的时候接孩子，妈妈发现东东变得有些奇怪，不跟妈妈说话，让他和老师说"再见"，他也死活不说，一个人径直走到妈妈的汽车旁，拉开车门坐了上去，一个字都不说。

　　到家后，东东还是不说话。无论谁逗他，他都爱

答不理的样子，还经常摔东西，一副对一切都不满的样子。可是他对妈妈很紧张，不论妈妈走到哪里，他都紧紧跟着，好像生怕妈妈会突然消失，但就是不愿意跟妈妈说话。

接下来的几天，妈妈每天都要询问东东在幼儿园的表现，老师说其他都好，就是不开口说话。老师让妈妈不要着急，说这是孩子入园焦虑症的一种表现，给孩子一点时间，慢慢就会好的。果然，第四天，老师告诉妈妈，东东终于开口说话了，虽然只有一句话，不停地指着幼儿园里的东西问"这是什么？"但毕竟也是一种进步。

妈妈很高兴，回到家后，她也尽量用快乐的语气和孩子说话，问一些幼儿园里发生的事。慢慢地，东东说的话越来越多。入园第十一天，当老师打电话告诉妈妈，东东已经能在课上回答问题，并且下课后和小朋友们一起商量玩玩具时，妈妈终于放下了心。

孩子3岁左右就去上幼儿园，第一次离开父母，到一个完全陌生的环境，产生种种不适应和焦躁情绪是可以理解的。每个孩子都或多或少地会有入园焦虑症，只是表现不同而已：有

的孩子用哭闹来表示抗议；有的孩子用沉默来无声反对；有的孩子变得"叛逆"，在幼儿园故意搞破坏；还有的孩子甚至拒绝吃饭和睡觉……当孩子出现这一系列情况时，家长千万不要太过于紧张，自己也染上"焦虑症"，否则问题解决起来就更加困难了。

家长首先要尽量在孩子上幼儿园之前给孩子一些心理暗示，让孩子觉得幼儿园是一个很好玩、很有趣的地方，尽量消除孩子的恐惧和抗拒心理。当孩子入园产生焦虑心理和行为之后，家长要放松心情，不要过于紧张，给孩子多一些时间和鼓励，并及时与老师联系，了解孩子每天在幼儿园的表现，对孩子的每一点进步都及时表扬和赞赏。渐渐地，孩子的自信心就培养起来了，这对让孩子爱上幼儿园是很有帮助的。另外，家长要多和孩子沟通，让孩子知道父母把他送到幼儿园绝不是一种"抛弃"，父母也不能用偷偷消失的方法将孩子强行留在幼儿园。否则，当孩子感觉自己被遗弃时，就会产生强烈的不安感。

总之，孩子刚上幼儿园时出现各种不适应是正常的，第一天就能高高兴兴上幼儿园的孩子毕竟是少之又少，家长不要过于担心。只要努力做好衔接准备，尽量减少孩子的不适感，就能让孩子更快更好地适应幼儿园的生活与学习。

担心孩子出问题，
和老师正确沟通是关键

妍妍刚上幼儿园没多久，有一天回到家，妈妈发现她的胳膊上有一大块乌青，便又着急又心疼地问："怎么回事？是不是有小朋友欺负你了？"妍妍讲不清楚，妈妈一个电话打给老师，质问老师是不是有人欺负妍妍。老师说妍妍一整天都没有哭，也没跟老师讲哪里摔了或者碰了，所以她也并不清楚。妍妍妈妈很生气地挂了电话，心里暗暗埋怨老师对自己的孩子不关心。

后来有一次，妍妍在户外活动时，胳膊上被蚊子叮了个大包，回到家后几乎半个胳膊都红肿了。妈妈急了，又打电话给老师，老师解释说由于操场是开放的，所以不可能杜绝蚊虫，但孩子们在出教室之前，她们都按规定给孩子喷了避蚊药水。妍妍妈妈私下问了别的

家长，也有孩子被蚊虫叮咬了，但是并不像妍妍这么严重。她心想，肯定是老师对妍妍不够关心，喷药水的时候马马虎虎，所以才让蚊子"有机可乘"。

从那以后，妈妈对妍妍在学校的一切更加上心了，每天都要打好几个电话给老师，不厌其烦地询问妍妍在学校的情况。她打电话的时间很长，有时甚至影响了老师的正常作息。后来以至于老师一看见妍妍妈妈的电话就头疼，而妍妍妈妈却丝毫不自知。

孩子上幼儿园，家长心中总有许多事情放不下，这是可以理解的。当然，要消除担忧，有更好的方法，那就是和老师正确地沟通。沟通的方式有很多种，打电话只是其中一种。平日里接送孩子时，可以和老师简短地聊两句，了解孩子一天在幼儿园的情况，如果出现问题就能够及时解决；很多幼儿园都有家园联系本或者手机群，家长要尽量及时反馈，积极交流；还有最便捷的电话交流，但是要注意一点，打电话要注意时机，要避开老师上课和休息的时间，并且言简意赅，尽量不要占用老师太多的时间。

总之，和老师交流沟通的方法有很多种，家长要善于利用多元化的沟通方式，随时和老师保持最真诚、最有效的沟通和交流。

Part5

习惯养成黄金期：

让孩子学会掌控自己的行为

3～6岁的孩子正处于情绪、行为习惯敏感期，因此，这一阶段也是培养孩子良好习惯的重要时机。孩子在这一时期养成的良好习惯能让其终身受益。

用孩子能接受的方式
引导、教育

　　妈妈下班回到家，一进门就皱起了眉头：客厅里到处都是玩具，地板上、沙发上、电视机柜上，甚至餐桌上都散落着大大小小的玩具。而冉冉显然已经玩累了，正坐在椅子上津津有味地吃着苹果，眼里还不忘看着电视。

　　"冉冉，我们先收拾玩具，然后再吃东西，好不好？"

　　听到妈妈的话，冉冉抬起头看了一眼，说："不好。"这时，正在厨房做饭的奶奶急匆匆地走过来说："我来！我来！"妈妈阻止了奶奶，也没有继续责备冉冉，而是把装玩具的两个大筐子拿出来，开始往里面装玩具。

　　装完了一筐玩具后，妈妈对冉冉说："妈妈太累了，

实在装不动了。剩下的冉冉来装好吗？"冉冉摇摇头，于是妈妈说："好吧，看来这些玩具冉冉都不想要了，妈妈明天把它们送给其他小朋友好了……"

"不行！"冉冉大叫一声从椅子上跳下来，"那好吧，我来收。"

冉冉捡起玩具就往筐里扔，妈妈又皱起了眉头，但她想了想，把冉冉拉过来，说："筐就是玩具的家，你看妈妈把玩具的家收拾得整齐不？"

冉冉点点头，妈妈趁机说："那你和妈妈比一比，看谁把玩具的家收拾得更整齐，好不好？"

"好！"冉冉开心地答应道。于是，冉冉把刚刚扔进去的玩具全部拿出来，然后一件件整齐地把它们摆放在筐里。收拾完后，冉冉左右看看，得意地对妈妈说："妈妈，我的玩具的家比你收拾得好！"

"嗯，冉冉真棒！"妈妈竖起了大拇指，"冉冉把玩具们的家收拾得那么整齐干净，玩具们肯定很感谢冉冉，它们肯定更喜欢你了。下次我们玩好玩具之后还是把它们送回家，好吗？"

"好！"冉冉响亮地回答道。

收拾玩具是令很多大人头疼的事情之一。孩子们喜欢玩玩具，但是不喜欢收拾，通常玩完玩具后就任由它们被扔得满地都是，然后自己却跑到一边去了，于是收拾玩具就成了大人的事。冉冉妈妈是一位很有智慧的家长。我们来看看她在教孩子收拾玩具时都用了哪几招。

首先，她巧妙地利用孩子敏感期的特点。这一时期的孩子开始有了自我意识，对自己的东西总是看得很紧，于是便假意提出把玩具送人，结果遭到冉冉的反对，勉强答应妈妈收拾玩具。

接下来她用了更加聪明的一招——以自身为榜样，给孩子做了一个很好的示范。处于模仿敏感期的孩子最喜欢模仿，大人稍加暗示，孩子就能学得有模有样。所以冉冉妈妈就利用孩子的这个特点，让冉冉学着如何收拾玩具。

此外，冉冉妈妈将原本对孩子而言比较枯燥、吃力的事情变成了一种游戏。她把玩具筐比作玩具的家，这符合孩子童真的天性；然后再提出让孩子和妈妈比一比，看谁收拾得更好，这激发了孩子的好胜心，孩子在好胜心的激励下，会忘记枯燥和疲劳，愉快地投入到游戏中去。

最后，在冉冉收拾好玩具之后，妈妈毫不吝啬地对孩子大加赞赏，而孩子在受到表扬之后，会强化这种成功和快乐的体验，那么下次再让孩子收拾玩具就不是一件困难的事了。

给孩子释放手脚的机会

吃饭时间到了，爸爸把饭菜端上桌后，递给奇奇一把小勺子："吃吧，儿子。"奇奇开心地接过勺子，吃起饭来。

他先是用勺子盛起一大块米饭塞进嘴里，可是由于盛得太多，嘴巴装不下，米饭漏到嘴外，洒落在桌上、地上。然后他用勺子去盛土豆泥。土豆泥软软的，勺子一下子就陷了进去，奇奇很好奇，便把整个碗拖过来，用手指轻轻地在上面按了按。奇奇"咯咯"地笑着说："爸爸，土豆泥真好吃！"

"再来喝点汤。"爸爸说。

于是，一个新的"游戏"开始了。奇奇用勺子舀了很多汤倒在碗里，然后用勺子拼命搅拌，再用力挤压，

很快，米饭就变成了黏糊糊的一碗粥。奇奇开心地大叫："爸爸，我把米饭变成了'泥巴'。"奇奇骄傲地展示给爸爸："看我发明的'泥巴饭'！"

"嗯，不错不错，我儿子以后可以做个发明家。"爸爸说，"不过，要当发明家的话，饭菜要吃得好，看，爸爸都快吃完了……"

没等爸爸说完，奇奇便大口吃起饭菜来。饭吃完了，桌上、地上一片狼藉。不过爸爸毫不在意，一边收拾碗筷，一边对奇奇说："去把自己的脸和手洗洗。"

爸爸洗碗，奇奇跑进卫生间洗手洗脸。洗了很久，爸爸见奇奇还没出来，就走进去看，然后便笑了：原来奇奇正在玩水。他把水池塞上，放上半池水，正用力地用手拍打，洗脸台上、地上溅满了水花，身上也几乎湿透了。

"我看看，脸和手洗干净没？"奇奇凑过来给爸爸看看，爸爸故意说："嗯，不错，洗得很干净。不过妈妈马上要回来了，这里这么多水怎么办啊？"

"我们不让妈妈知道。"奇奇眼珠子一转，跑到阳台，吭哧吭哧地拖来拖把："来，爸爸，我们来打扫战场！"

在爸爸的帮助下，奇奇很快打扫完了"战场"。爸爸又发话了："爸爸洗拖把，奇奇快去把衣服换了，否则还是会被妈妈发现哦！"

奇奇吐吐舌头跑进了房间，过了半天才走出来。爸爸一看，又笑了："奇奇，你把裤子穿反了，衣服扣子也没对齐，快点重来！"于是奇奇把衣服脱下来重新穿，虽然还是笨手笨脚，但速度明显比刚刚提高了不少。刚穿好衣服，加班的妈妈回来了。奇奇和爸爸调皮地互相挤挤眼睛，开心地笑了。

孩子长大后，我们常常抱怨孩子懒惰，不但不帮忙做家务，自己的事情都无法很好地完成。如何解决这个问题？这位爸爸的做法就很值得借鉴。

一定要给孩子释放手脚的机会。孩子在经历手的敏感期时，就应放心大胆地让孩子用手去感知世界，去学习做事的技能。不要因为怕孩子做不好，或者怕他们受伤而剥夺他们用手的权利。想想看，有多少家长不让孩子自己吃饭是因为怕孩子搞得一塌糊涂，认为自己要打扫"战场"，反而比喂饭付出更多，更剥夺了孩子用手吃饭的机会。孩子手的敏感期从婴儿时期就开始了，一直持续到 6 岁。让孩子吃饭、穿衣，本就是一

个锻炼孩子用手能力的过程。

孩子虽小，但却有着惊人的学习能力，要想培养一个勤劳的孩子，就必须从小事做起。如果大人在孩子手的敏感期内能够因势利导，让孩子尽情地用手去感知学习的快乐，就一定能够让孩子体验到劳动的快乐，从而让孩子养成勤劳的好习惯。

因势利导，
审美敏感期要抓牢

　　缇缇的妈妈最近突然发现一个很奇怪的现象：5 岁的缇缇突然变得爱漂亮了，而且追求完美几乎到了一种痴迷的地步。

　　首先，缇缇在穿衣服上有了自己的要求，每天必须自己挑选衣服，而且搭配也必须讲究，虽然她的搭配有时让人忍俊不禁，但妈妈不得不叹服，小女孩天生对美敏感，搭配起来的衣物越来越和谐，越来越漂亮。其次，缇缇对自己的要求几乎达到了苛刻的地步，她不允许自己看起来有丝毫她所认为的不完美。每次出门前，一定要将裙子理得整整齐齐，鞋子也要擦得干干净净，连小辫子都要扎得一丝不苟，否则就坚决不肯出门。

　　爸爸很生气，说："小姑娘太爱美可不是什么好事，

长大了心思都不在学习上了。"但妈妈却不这么想。

"哇！缇缇的指甲怎么这么长？里面还有黑黑的脏东西，看起来好恶心啊！"妈妈捏着缇缇的小手，故作夸张地说。缇缇一听，赶紧找来指甲刀，塞进妈妈的手里："快，妈妈帮缇缇剪指甲。"从此，缇缇养成了保持指甲整洁的好习惯。

"缇缇的房间好乱啊！垃圾桶都满了，缇缇闻闻，是不是有点臭？"妈妈边说边煞有其事地捏着鼻子。缇缇赶紧找来干净的袋子，跟妈妈一起换垃圾袋，然后和妈妈一起收拾房间。收拾完后，妈妈故意大声说："哇！这才是公主睡的房间嘛！又干净又整洁，还香喷喷的呢！"缇缇满意地看着自己的房间，笑了。

缇缇以前吃饭时，总是毫不在意地将桌上、地上弄得一塌糊涂，妈妈想让她自己吃饭，也不去管她。可随着缇缇年龄的增长，妈妈决定帮她改一改这个毛病。

"呀！缇缇的花裙子不漂亮了。"妈妈指着缇缇裙子上的一块油渍和几颗饭粒。缇缇赶紧拿来餐巾纸，可是怎么擦也擦不掉，急得差点哭出来。妈妈赶紧安慰她："没关系，妈妈等会儿帮你洗。不过缇缇要是想让裙子一直干干净净、漂漂亮亮的话，以后吃饭、做事时就要

慢一点、仔细一点。吃完饭、玩完了都要立即洗手，不能往身上擦，否则花裙子脏了，有些污渍可是洗不掉的哦。"缇缇连连点头。从此，洗手就不需要大人提醒了，慢慢习惯成了自然。

爸爸看着缇缇的一系列变化，信服地朝妈妈竖起了大拇指："还是你行！"

孩子的教育要因势利导，聪明的缇缇妈做到了这一点。很显然，5岁的缇缇进入了审美敏感期，并且追求完美。孩子对美的追求是呈螺旋式发展的，从日常吃、穿、用等生活琐事，到对自身形象、气质的追求，随着年龄的变化，他们的审美观念也在不断进步。尤其是小女孩，这一阶段的发展特点尤为突出。有的父母对此颇为紧张，因为受传统观念的影响，大人总怕孩子过于爱美会影响其他发面的发展，尤其是今后的学习。其实大可放心，在这一阶段，大人除了要多一些等待和陪伴，让孩子顺利度过审美敏感期，也可以像缇缇妈妈一样，因势利导，潜移默化地培养孩子爱干净、讲卫生的好习惯。

审美敏感期表现在孩子日常生活的各个方面，父母可以利用这一时期的特性，培养孩子整洁、自律的好习惯。不要担心孩子在追求完美的过程中所表现出来的执拗，等孩子度过这一敏感期之后，生活逐渐变得有秩序，这种执拗也会随之消失。

勤俭节约是美德

越越是个聪明活泼的孩子，可就是有一点：不够节约，对"珍惜""节约"这样的词语几乎毫无概念。妈妈觉得这样下去可不行，如果孩子从小就养成大手大脚、毫不珍惜的坏习惯，长大后即便是有金山银山也有花完的一天。于是她想寻找机会，帮助越越改掉浪费的坏习惯。

这天，越越在外面玩得满头大汗，一回来就冲进洗手间想洗脸，可一拧开水龙头，竟然一滴水都没流出来，原来是停水了。妈妈心想：机会来了。于是她故作焦急地说："水怎么没有了呢？到哪里去了？"

"水到哪里去了？"越越跟着重复了一句，急躁地反复拧着水龙头。妈妈假装突然想起来似的一拍脑袋：

"哎呀！水肯定是被我们用光了。"

"用光了？"越越不解地看着妈妈。妈妈蹲下来，耐心地跟越越解释："你看，我们的地球只有那么大，上面的东西都是有限的，分到每个人头上也是有限的。如果我们不珍惜它们，胡乱浪费，用完了就没的用了。"

越越恍然大悟："那是不是因为以前我浪费了太多的水，所以现在才没有水了？那以后我们都没水用了吗？"

看到孩子有些焦躁，妈妈赶紧说："不是以后都不给我们水用了，而是因为以前我们家用水浪费，别人家没得用了，所以先暂停一下……"

"我知道，如果我们改正错误，他们就又会给我们水用了！"没等妈妈说完，越越就叫了起来。

妈妈赞赏地回答："对！不仅仅是水，任何东西都是这样。比如玩具，我们旧的玩具还有，就不要去买新的；就算越越大了，有的玩具不需要了，还可以送给需要它们的小朋友，小朋友们就不用再花钱去买了，这样钱就可以节约下来了，可以买其他好吃的、好玩的，对不对？"

"对！"越越大声回答。

过了一会儿，水来了，妈妈打开水龙头叫越越来洗脸，越越开心得大叫："妈妈，他们肯定听到我说的话了！我保证下次再也不浪费水了！"

勤俭节约是中华民族的传统美德。然而，现代社会中，随着人们物质生活水平的提高，有些家长对这一传统美德的教育越来越不重视。甚至有的家长认为，现在不愁吃不愁穿，没必要对孩子抠抠搜搜的。于是很多孩子就养成了大手大脚、不懂节约的坏习惯。

其实，节约不仅仅是一种美德，也是一种让孩子终身受益的好习惯。但是在对孩子进行勤俭节约教育的时候，由于孩子受限于现代社会的物质环境，很难有亲身的体验和感受，大人的教育往往会变成空洞的说教，无法引起孩子的共鸣。因此家长就需要恰当地运用生活，创设教育情境。就像上文中的越越妈妈一样，帮助孩子体验和感受，从而调动他们内在的需要，这样孩子自然而然地就接受了教育。

当然，教育从来不是一蹴而就的事情，孩子即便有了节约的体验和感受，也从内心产生了节约的需要，但还不知道如何去节约。这时我们大人就需要教他们该如何做，如何将节约渗透到生活的方方面面。这是一个比较漫长的过程，但只要有耐心，孩子的节约意识总有一天会上升为自觉的意识，良好的习惯也就养成了。

Part6

品格塑造关键期：

和善而坚定地引导孩子成长

　　所谓性格，就是表现在人的态度和行为习惯中的相对稳定的心理特征。虽然俗话说"千人千面，百人百性"，世界上没有一模一样的两片叶子，也没有完全相同的两个人，但是拥有良好性格的人都有一定的共性，如勇敢、自信、坚强、乐观等。事实证明，拥有良好性格的人在生活和事业上都更容易获得成功。

转移孩子的注意力，找到孩子的闪光点

娜娜一出生，脸上就带有一块大拇指般大小的青色胎记，之前娜娜并不在意，可是自从上了幼儿园后，娜娜变得闷闷不乐起来，原来是一些小朋友不懂事，常常嘲笑娜娜脸上的胎记。

"他们说我脏，不肯和我玩。"娜娜向妈妈哭诉。

妈妈生气地去找老师交涉，老师也批评了那些调皮的孩子，但事情并没有好转。娜娜变得越来越沉默，越来越胆小，也不喜欢和小朋友们玩了，就算妈妈给她买了新衣服，她也不像以前那样欢呼雀跃了。

妈妈看在眼里，急在心里。她找了一些专家咨询后，决定从转移娜娜的注意力开始做起。

妈妈注意到娜娜的语言能力比一般孩子强，这或许和她是语文老师，注意从小培养孩子的表达能力有关。于是妈妈找来很多讲故事的音频资料，鼓励孩子照着学习。娜娜对此很感兴趣，天天抱着故事机听故事。一开始，娜娜只是听，不肯自己开口讲。妈妈就慢慢鼓励她、引导她，渐渐地，娜娜愿意开口了，但仅限于讲给妈妈和爸爸听。每次讲完故事，妈妈都对娜娜大加赞赏，有时也指出她一两个小瑕疵，娜娜很乐意接受。在不断改进的过程中，娜娜讲故事的水平越来越好，无论是在语音、语调上还是在语速上，都像足了一个小主持人。

妈妈开始创造机会让娜娜在更多的人面前表现自己。先是娜娜最熟悉的亲朋好友。对于孩子的模仿力，大家都很惊异，纷纷为娜娜竖起大拇指。娜娜的自信慢慢被培养起来，开始逐渐喜欢在人多时表演，不仅语言表达越来越流畅，舞台表现力也越来越好了。

幼儿园举行"小能人大赛"，妈妈果断给娜娜报了名。经过前一时期的锻炼，娜娜再也不是那个胆小、怯懦的孩子了。她在舞台上的表现非常出色，讲故事声情并茂，把在场的小朋友和评委老师全都吸引住了。比赛

结束后，娜娜毫无争议地拿到了第一名。

娜娜站在舞台的中央，自信满满，小朋友们都拼命鼓掌，而台下的妈妈早已泪湿眼眶，脸上却带着满满的笑意。

　　孩子对自己身体和相貌的注意从 3 岁就开始了，此时相貌有点缺陷的孩子很容易产生自卑心理。而这一阶段，作为监护人的父母就要注意消除这一负面影响，努力培养孩子的自信心和平常心。

　　消除孩子的自卑和胆怯，最好的办法就是转移孩子的注意力，努力发掘孩子其他方面的才能，不让他一直纠结于自己的不足之处。每个孩子总会在某个方面有着特殊的天赋，父母要善于挖掘并鼓励发展。孩子在某一方面取得令人惊喜的成就后，就会逐渐忘记自己的不足，大家的注意力也会转移到孩子令人瞩目的一面，从而逐步培养孩子的自信心。

　　孩子自信心的培养与其是否受到大家的欢迎有很大的关系。因此，当孩子具有某一方面的才能后，家长要多多鼓励他，并且创造机会让他在众人面前表现自己。3~6 岁的孩子正处于社会关系敏感期，他们注重别人对他们的评价，而正面的评价能给予他们更多的信心和勇气。

5 岁的阳阳最近突然迷上了小动物。

阳阳的小姨要搬到另外一个城市去生活，临走前把自己的小仓鼠送给了阳阳。阳阳一下子就爱上了这个毛茸茸的小家伙，整天趴在地板上，看小仓鼠在笼子里活动、玩耍、吃东西。有时，他还会把小仓鼠轻轻地抱出来，小心翼翼地放在手心，不时地发出惊喜的叫声：

"妈妈！小仓鼠的毛好滑！像你的头发！"

"妈妈！小仓鼠的眼睛好黑好亮！像黑宝石！"

"妈妈！小仓鼠会用爪子洗脸！"

……

阳阳对小仓鼠百看不厌，小仓鼠也给阳阳带来了无穷的乐趣。因为有了小仓鼠，阳阳成了小朋友们争相

"讨好巴结"的对象。因为阳阳无论走到哪里，都要带着小仓鼠，而小朋友们团团围住阳阳，只是为了得到摸一摸小仓鼠的机会。阳阳高傲得像一个将军，而小仓鼠则是他最得意的部下。

有一天，小仓鼠生病了，趴在笼子里不吃不喝，小身体还不停地发抖。阳阳急坏了，眼泪汪汪地让妈妈带它去看医生。妈妈带阳阳和小仓鼠去了宠物医院。医生说这是感冒的症状，只要把小仓鼠的窝垫得暖和些，再吃些药就会好了。

回到家，阳阳立刻找来了自己的小羽绒服，要妈妈给小仓鼠盖。妈妈给小仓鼠冲药，阳阳非要亲自动手，并且亲眼看着小仓鼠喝光了盘子里的药才肯去睡觉。刚躺到床上，阳阳突然坐起来，说："妈妈，医生说用灯光给小仓鼠加温，它会好得快一些。用我的小台灯吧！"妈妈笑了："能加温的是暖光灯，你的小台灯不合适。而且我们已经给它喂了温水，还给它加了被子，让它好好休息一夜，说不定明天就好了。"阳阳这才半信半疑地躺下睡觉。

一大早，阳阳起来的第一件事就是冲到客厅里查看小仓鼠。看见小仓鼠又在笼子里活蹦乱跳了，阳阳高兴

得又跳又叫。

打那以后，阳阳陆续养了很多小动物，小白兔、小金鱼，还有一只小乌龟。有一次，他发现小乌龟一动不动，还以为它死了，伤心得大哭一场。没料到小乌龟竟然又"活"过来了，原来它只是冬眠而已。阳阳兴奋地对爸爸妈妈说："我简直太幸福了！"

孩子的幸福原来竟如此简单，小动物们享受着孩子带来的温暖与呵护，而孩子在小动物身上得到的却远远不止快乐这么简单。

每个家长都希望孩子成为一个善良、有爱心的人，而孩子的情感表达敏感期从2岁时就开始了，这正是培养孩子同情心和善良品质的最佳时期。人类天生具有同情弱小的本能，孩子也不例外，让孩子照顾小动物，可以激发他们的这种优良天性。

照顾小动物不仅可以给孩子们带来心理上的满足感和成就感，还可以培养他们的爱心、耐心和责任心。很多家长发现，孩子养了小动物之后，就不再睡懒觉了，每天都会早早地起来去看他们的"好朋友"；也不会忘记给小动物添水、加食，每天忙得不亦乐乎；小动物生病了，孩子会小心翼翼地照顾小动物，给它们喂药、喂食，非常细致耐心。怪不得大人都感叹：自从养了小动物，孩子好像突然长大了许多！

放开手，
让孩子自己走

　　圆圆出生的第一天，妈妈就对爸爸说："以后孩子的事情要让她自己做主。"爸爸一听就笑了："孩子那么小，懂什么呀？还不是听大人的？"妈妈反问："难道一辈子都听大人的？孩子总会长大，总要学会自己做主，晚学不如早学。"

　　妈妈这么说，也坚持这么做。

　　圆圆1岁多时，妈妈发现她对音乐特别敏感，于是常常放乐曲给孩子听。她并没有盲从所谓专家推荐的曲目，而是注意观察圆圆的反应。她发现圆圆听到她喜欢的曲子时，脸上会出现很享受、很专注的神情，而如果那支曲子她不喜欢，就会来回摇头，乱摆小手。妈妈知道，这其实是圆圆在表达自己的意见。她很欣喜于这一

发现。从那天起，有关圆圆的事情，比如是不是想睡觉啦，要不要下楼玩一会儿，等等，妈妈都会征求圆圆的意见，从不强迫孩子做违背她意愿的事。

妈妈喜欢带圆圆去逛商场，圆圆的衣服从来都是她自己挑选，而妈妈只在一边提参考意见。虽然圆圆有时挑的衣服并不合意，但是随着年龄的增长和经验的丰富，圆圆的出错率越来越低了，而她也越来越有主见了。后来，家里买其他东西，妈妈也试着征求圆圆的意见，她常说的一句话是："这个家是爸爸、妈妈和圆圆三个人的。"而圆圆独特的视角和思维方式常常给她带来惊喜。

除此之外，从圆圆会说话、会表达自己的意见之后，妈妈就经常和她交流意见，鼓励她说出自己的想法。当然，圆圆的想法有时候很可笑，但妈妈从来不嘲笑她，更不责骂她。长此以往，圆圆不但思维能力越来越强，考虑事情越来越周到，语言表达能力也越来越强了，连老师都表扬她有着与同龄人不相称的成熟。

孩子喜欢黏着大人，这或许是令很多大人头疼的问题。可是通常来说，问题并不在孩子身上，而在大人身上。解决问题

的钥匙也不在孩子身上，而在大人身上。不是孩子不想自立，而是大人舍不得放手，只有大人懂得了放手，孩子才能有机会学习自立。

　　父母要从小教育孩子尽早掌握脱离父母、独立生活的本领，这要从完成自己的事、帮助父母做家务等做起。父母对孩子更多的是指点和引导，鼓励孩子自己去思考、去实践。

　　所以，如果你的孩子胆小、怯懦，没有主见且自立能力差，不要责怪孩子，而是要反思自己。要学会放手，要鼓励并帮助孩子勇敢地承担起对自己甚至对家庭的一部分责任，把原本属于孩子自己的事交给孩子自己完成，让孩子自豪地说："我的地盘我做主！"

"天天，你的玩具能给我玩一会儿吗？"

"好啊。"天天毫不吝啬地把手里的玩具递给那个小朋友，小朋友开心地接过玩具，"咯咯"地笑着跑远了。这时，天天手中已经一个玩具都没有了，但她好像一点也不难过，也没有无聊的表情。她待了一会儿，就站起来四处转，看小朋友们玩。小朋友们笑，她也跟着笑，一副很开心的样子。

"你说，我们女儿这样'与世无争'，以后会不会吃亏？"一直观察着天天的妈妈担忧地问爸爸。

"怎么会？"爸爸不以为然地说，"我们不是都不喜欢单位里那些斤斤计较、心胸狭隘的人吗？天天随性不计较，我觉得是件好事。"

"不行，我得去帮天天把玩具要回来。"妈妈站起身，被爸爸一把拉住："孩子的世界有他们自己的规矩，大人不要过多干预，你看！"爸爸努努嘴，妈妈看到一个小男孩拿着自己的玩具车走过来，邀请天天一起玩，天天愉快地接受了邀请，开心地和小男孩玩了起来。后来，越来越多的小朋友走过来，加入了他们的队伍。看得出，天天很受欢迎。

　　突然，一个孩子不知为什么，用力推了天天一下，天天被他推得一趔趄，往后退了好几步，幸好扶住了栏杆，才没有跌倒。妈妈这下忍不住了，跑过去拉着天天左看右看："告诉妈妈，有没有哪里伤到了？有没有哪里疼？"

　　"没有，"天天毫不在意地推开妈妈，"没事的，我没有摔倒，也不疼。弟弟比我小，妈妈你不要骂他。"这时，小男孩的妈妈也跑了过来，连声道歉，弄得天天妈妈反而不好意思了。孩子没有隔夜仇，一会儿两人又手拉手跑去玩了。

　　"你们家孩子的性格真好。"小男孩的妈妈感慨地说，"这小区里那么多孩子，数你们家孩子最有人缘，不仅大人喜欢，小朋友们都喜欢她，爱和她一起玩。从

来看不到她跟其他孩子争吵、抢玩具什么的。"

"大家都说她性格好，我却有些担心呢，"天天妈妈说，"这孩子就像温开水，一点脾气都没有，怕是以后要受人欺负的。"

小男孩的妈妈哈哈地笑了起来："温开水可是最受人欢迎的啊，无论哪里都少不了，大家喜欢都来不及，哪里还会欺负她？"

天天妈妈愣了愣，又想了想，也舒心地笑了。

俗话说："关心则乱。"天天有那么好的性格，在妈妈眼里却变成了人人可欺负的对象，好在那个小男孩妈妈一语中的：温开水是最受人们欢迎的饮品，因为它百搭。它虽然没有咖啡的香浓，没有饮料的甜美，也没有美酒的芬芳，但是人们一生中最离不开的就是温开水。生活中也是如此。温和、豁达的人无论在哪里都是最受欢迎的，因为他们能让人心情愉悦、如沐春风，无须提防、无须计较。

温开水般的孩子其实就是性格温和、豁达开朗的孩子，他们不与人争短长，也不与人斤斤计较，因此不光讨大人欢喜，更受小朋友欢迎。然而，竞争激烈的现代社会容易给大人造成一种错觉：好像这样的孩子不适合竞争，容易被社会淘汰。其

实这种担心完全没有必要，因为性格温和并不一定代表没有主见，更不代表没有进取心，温和豁达只是孩子在与人交往中表现出来的一种性格，而事实证明，这种性格更容易受到大家的欢迎。

Part7

规矩意识树立期：

从日常惯例开始，让孩子懂规矩

　　俗话说："没有规矩，不成方圆。"敏感期是孩子发展的关键时期，也是影响孩子今后人生的重要时期。在这个时期内规范孩子的行为，与孩子约定适应孩子能力和发展阶段的规则，才能培养孩子的规则意识，让孩子长大后成为遵守规则的人。

态度温和，
行动坚决

  随着辰辰一天天长大，妈妈发现孩子开始变得有点让人头疼：叫他吃饭，只顾着玩玩具，怎么都不肯来；昨天把吃饭的勺子扔进了马桶；今天在幼儿园咬了小朋友……妈妈觉得是到了该给孩子定点规矩的时候了。

  吃晚饭的时间又到了，辰辰还在看动画片。妈妈走过去，对辰辰说："等这一集看完，我们就吃饭，好不好？"辰辰点点头，妈妈坐下来陪辰辰一起看。可是一集结束了，辰辰又说话不算话了，坚决还要看下去。于是妈妈站起身，拿起遥控器，关掉了电视。辰辰开始大哭，还要和妈妈抢遥控器。妈妈把遥控器高高地举起来，坚决不肯妥协。等辰辰哭累了，妈妈蹲下来，温和地说："妈妈饿了，要去吃饭了，辰辰饿不饿？要是不

来吃的话，好吃的都被爸爸妈妈吃光了哦！"辰辰哭得也有些累了，抽抽搭搭地跟着妈妈去吃饭了。

妈妈带辰辰去超市买东西，辰辰看中了一个机器人，坚决要买。妈妈对辰辰说："这个机器人和上周爸爸给你买的差不多，我们再买的话就是浪费。而且机器人很贵，妈妈没带那么多钱，如果给你买了机器人，我们就没有钱买吃的了。"辰辰听不进去，拿出自己的"撒手锏"——赖在地上大哭。陆陆续续走过的顾客有的笑，有的指指点点，妈妈很难堪，几乎就要投降了，但是她想了想，最后还是咬着牙坚持了下来。她站在辰辰身边，没有走开，也不说话。辰辰哭了一会儿，抬起头，发现妈妈并没有妥协的意思，于是便有些气馁。妈妈看着时机差不多了，蹲下来对辰辰说："我们回家玩机器人，现在跟妈妈去买好吃的，否则超市关门了，我们明天可就要饿肚子了。"辰辰没有回答，妈妈抱起他朝前走，他稍稍挣扎了一下，就不再反抗了。

类似的情况发生了几次之后，妈妈发现辰辰的倔强好了很多。或许他知道自己的无理取闹并不能换来妈妈的妥协，自己也不可能以这种手段达到目的，所以明显听话了很多。

对于孩子的无理取闹、无理要求，大人最好的办法就是冷处理。给孩子哭泣的自由和时间，在一旁耐心地陪伴，但是决不能妥协。时间长了，孩子自然明白哪些是爸爸妈妈的底线，哪些事情是绝对不允许的，他们慢慢记在心中，慢慢养成习惯，规矩自然也就形成了。

当然，在立规矩的时候，除了行动坚决、决不妥协，大人还要注意自己的态度，不能用暴力来阻止孩子。无论孩子的行为多么令你抓狂，一定要控制自己的脾气。尤其是年龄小的孩子，他们并不是很清楚什么是对的、什么是错的，大人只是在教他们哪些该做、哪些不该做，有时候讲道理不如直接告诉他们来得更有效果。但是假如你以发脾气的方式来教育他们的话，他们往往会被你的暴脾气吓住，注意点完全不在你说的话上。次数多了，孩子要么变得胆小怯懦，要么变得越来越不听话，你的暴脾气已经不能再镇住他们了。更糟糕的是，孩子或许已经学会了你的暴脾气，他们在处理问题的时候也会大吼大叫。这与我们当初立规矩的出发点是完全相悖的。

所以，给孩子立规矩，温和的态度与坚决的行动缺一不可。

树立规矩要尽早

欢欢在外面玩了一身泥回到家，刚一进家门，爸爸就急匆匆地跑了进来："快点！赶紧跟我走！"

"到哪儿去？"妈妈问。"徐主任请客，点名要你和欢欢一起去。今天他家孙子也在，两个孩子正好可以一起玩。"

"可是欢欢还没洗手、洗脸、换衣服呢……"

"哎呀，来不及了，徐主任还在楼下等着呢，今天可是有专车来接送你们的，快点，别让人家等急了。"

妈妈有些为难："这么脏，就去见客人，不是太不礼貌吗？"

"对啊，"欢欢也接口说，"爸爸，你不是说去见客

人要注重礼节吗？要干干净净的才行。"

"事有轻重缓急，欢欢，徐主任可是爸爸的领导，让他一直在楼下等着可不礼貌。衣服么，也不是很脏，妈妈赶紧拿块毛巾擦擦就得了，欢欢还小，大家才不会计较，快走吧！"

在爸爸一迭声的催促中，妈妈只得带着欢欢匆匆下楼。欢欢呢，不用洗手、洗脸，也不用换衣服了，可以省去很多麻烦，才开心呢！

两个孩子年龄相仿，一见面很快就玩到了一起，一直到吃饭结束，还舍不得分开。妈妈看看时间，已经9点钟了，于是提醒爸爸回家。爸爸说："急什么，反正明天也不上学。两个孩子正玩得开心，我和徐主任也还有话没说完，再等等。"

"可是欢欢明天早上8点半还有绘画课呢。"妈妈焦急地说。

爸爸不以为意地说："不就是个培训班么？本来就是报名让他玩玩的，那么认真干什么？偶尔缺一两节课也不要紧的。"

"你这不是纵容孩子无故旷课么？"妈妈生气地说。

爸爸笑了："孩子才上幼儿园中班，旷什么课呀？哪有

那么严重？等他上了小学再好好立规矩就行啦！"欢欢听到了，也伸过头，吐吐舌头，调皮地说："对呀，妈妈，我还小呢！等我上小学了，再给我立规矩！"

给孩子立规矩宜早不宜迟，可是欢欢的爸爸并不明白这个道理，每次都拿"孩子还小呢"当拖延的借口，这对孩子的教育是很不利的。别看孩子小，他们可鬼精灵着呢，当你总是以"孩子还小"为借口时，他们也学会了以此为借口逃避规矩。在孩子习惯和道德养成的最关键时期，假如总认为孩子小而不树立规矩，那么孩子长大后也很难遵守规矩和公德。

虽然孩子小，有些道理并不能明白透彻，但是父母的态度他们还是能够看懂的。假如父母态度坚决，他们就知道哪些事是不能做的，哪些事是必须做的，久而久之，规矩也就树立起来了。所以不要总认为"孩子还小"，就不必立规矩，孩子好习惯的养成需要时间，而坏习惯一旦养成，要想改掉则更要费一番周折。所以，给孩子树立规矩要尽早，千万不能拿"孩子还小"给自己的随心所欲和孩子的随心所欲当借口。

教育方法要一致，
隔代溺爱不可取

"明天还是让你妈回去吧。"熄灯后，妈妈躺在床上悄悄对爸爸说。

"为什么？"爸爸很惊讶，"我妈才来了一个星期，你就要赶她走？"

"不是我要赶她走，而是她在这里，睿睿越来越没规矩了。"

"我也是我妈教出来的，我也没规矩吗？"爸爸有些生气。

"你怎么了？你睡觉前不刷牙、臭袜子到处乱丢，这些坏习惯不都是你妈给惯出来的？"妈妈一生气，话就说得有些重，但是妈妈的确苦恼。睿睿生性活泼、聪

明，也有些调皮，妈妈前段时间费了不少功夫才给他立了些规矩，一段时间之后，睿睿养成了习惯，也能比较自觉地遵守这些规矩。但是自从奶奶来了之后，一切都变样了。

比如，妈妈规定睡觉前、刷完牙后不许吃东西。但睿睿一说饿，奶奶立刻捧来牛奶、蛋糕，有时甚至还有糖和巧克力。用奶奶的话来说："可不能饿着孩子，孩子正长身体呢！"

再比如，睿睿早就学会自己吃饭了，可奶奶来了之后，睿睿就成了一只没有手的"小懒虫"，每顿饭都要奶奶喂。爸爸制止过，可奶奶说："小孩子吃饭吃得满地都是，有收拾的时间，还不如喂他吃饭，省得麻烦。"

昨天，睿睿玩玩具摊了一地，玩完后，妈妈叫他把玩具收起来，可他说："奶奶会收的。"妈妈刚说完"自己的事情要自己做"，奶奶就跑过来，一边收拾一边说："这点小事，奶奶来就好了。"睿睿朝妈妈挤挤眼睛，跑开了。

最令妈妈生气的是，奶奶一来，睿睿的作息时间也被打乱了。奶奶爱看电视，睿睿也挤在沙发上和奶奶一起看。妈妈叫睿睿睡觉，睿睿不肯，奶奶就说："乖孙子，就想和奶奶多待一会儿，对不对？"

妈妈说："明天早上起不来，上学要迟到的。"

奶奶不以为意地说："幼儿园又不是小学，上不上都无所谓。迟到一会儿打什么紧？"睿睿得意地看着妈妈。妈妈气得用手去拉他，他却一下子躲到奶奶怀里。奶奶紧紧地护着孙子，妈妈无可奈何地干瞪眼。

爸爸听完了妈妈的话，答应明天和奶奶谈一谈，但是妈妈却依然愁眉不展。她担心的是，有奶奶护着，睿睿肯乖乖地守规矩吗？

"隔辈亲"可以说是在中国再常见不过的现象了。爷爷奶奶疼孩子是人之常情，但是过分疼爱会变成溺爱，过分关心也会变成袒护，爷爷奶奶也因此变成孩子学习规矩路上的大"障碍"。

教育讲求一致性，规矩也是如此。不能立了破，破了立，立了再破，破了再立。如此反复，不仅规矩没有了约束力，孩子根本不当一回事，就连立规矩者也会失去权威。因为别看孩子小，谁是他们的"靠山"和"避风塘"，他们可清楚得很。

其实这一问题不仅存在于"隔辈亲"中，就是爸爸妈妈之间也会对孩子的教育问题产生分歧。还有的爸爸妈妈是一开始

就说好，一个唱"红脸"，一个唱"白脸"。这样的"分工"对于给孩子树立规矩可不是一件什么好事，因为这边妈妈刚给孩子立了规矩，那边爸爸又来做好人去安抚、心疼孩子，那么孩子就会拿规矩不当回事，甚至还会跟妈妈对着干。

一手奖励，
一手惩罚

　　浩浩3岁了，进入了人生的第一个叛逆期。和大多数处于这一时期的孩子一样，浩浩总喜欢和大人对着干，对此，妈妈没少烦恼。办法也想了不少，可是总没什么特别奏效的。有一次，妈妈看到一篇题为《蒙迪驯马》的文章，大受启发。这篇文章讲的是美国著名驯马师蒙迪通过驯马发现了教育的真谛：蒙迪认为可以通过爱抚、交流等方式使野马驯服，改变了之前人们一直使用暴力甚至残忍手段驯马的方式，并且取得了非常好的效果。由此，蒙迪认为孩子的教育也可以如此，不必使用打骂等手段，只要在爱的基础上树立规矩，就可以改变孩子。蒙迪和他的太太一生中一共收留了47名问题儿童。对于这些孩子，蒙迪从不斥责打骂，而是采取了订

合约的方式。他有两块白板，上面分别写着奖励和惩罚两种办法。比如，一块白板上写着："一周内上课迟到两次，就取消周末野餐的计划。"另一块白板上则写着："假如一周内没有一天迟到，就奖励一套钓鱼装备。"蒙迪严格地按照白板所写的内容执行他的规定，孩子们在惩罚和奖励的双重刺激下，行为越来越规范。而随着白板内容的不断更新，孩子们的行为习惯也不断得到强化。最后，这47个孩子全都成长为优秀人才。

妈妈看了这个故事后，也对浩浩使用奖励与惩罚双管齐下的办法，效果还很不错。比如，如果浩浩一个星期之内都没有乱发脾气，这一星期就可以去两次必胜客（这是浩浩的最爱）；假如一星期内胡乱发脾气超过两次，那么这星期就不能再去必胜客。再比如，妈妈规定晚上9点钟之前必须上床睡觉，如果在一周内违反两次的话，就减少一次去淘气城堡的机会；而假如一周内每天都是9点钟之前睡觉的话，那么就可以邀请一个小朋友到家里来玩一次。

诸如此类的奖励和惩罚很多，妈妈发现，几乎没有人会不喜欢奖励而愿意接受惩罚。因此，为了得到更多的奖励和避免惩罚，浩浩表现得越来越好。当然，孩子毕竟年龄还小，一开始遵守规矩并没有那么自觉，妈妈在浩浩即将违反规定或者刚刚违反规定时都会提醒他。浩浩为了得到奖励，往往会很快改正错误，时间长了，浩浩便养成了习惯，要妈妈提醒的次数越来越少了，而遵守规矩也越来越自觉了。

无论是奖励还是惩罚，目的都是一样的：使孩子更好地遵守规矩。而无论是大人还是孩子，都愿意接受奖励而避免惩罚。所以，使用双管齐下的办法，可以让孩子很好地遵守规矩。

如果只使用惩罚，无异于使用暴力让孩子屈服，就像蒙迪所反对的暴力驯马一样；而假如只使用奖励，孩子就只能尝到遵守规矩的甜头，却无法了解违反规矩所带来的后果。因此，两种手段一起使用，孩子才更能明白自己应该选择哪一种。

奖励，是给孩子肯定；惩罚，是让孩子敬畏。当然，我们更希望的是孩子能越来越多地得到奖励，越来越少地受到惩罚。所以，我们应该像浩浩的妈妈一样，在孩子即将违反规矩或者刚刚违反规矩的时候就提醒他们，让他们及时改正错误，这样还有希望获得奖励。毕竟，惩罚不是最终的目的，最终的目的是希望他们养成好习惯，学会遵守规矩。

Part8

智能发展加速期：

激发孩子的学习和阅读兴趣

孩子行为发展的敏感期也是孩子智能发展的加速期。在这期间，家长应注意培养孩子观察、思考、解决问题的能力，激发孩子的学习与阅读兴趣，从而提高孩子的智能水平。这不仅对孩子将来的学习、生活很有帮助，对他们一生的发展也大有益处。

阅读是孩子学习成长的好帮手

记得几年前，亲友们在一起吃饭，大家问3岁的曼曼："曼曼，你最喜欢做什么呀？"曼曼大声回答："看书！"大家都笑了，有人打趣说："到底是老师培养出来的女儿，这么小小年纪，竟然喜欢看书。"

大家的话语里，多少有些开玩笑的成分，孩子才3岁，还不认字呢，怎么看书？不过曼曼所说的"看书"，是跟妈妈一起读书。

每天临睡前，妈妈都会和曼曼早早上床，准备好这一天要读的书。有时候讲故事，有时候读诗歌。一开始，妈妈以为孩子更喜欢听故事，却不料曼曼并不挑剔，听诗歌也听得津津有味。妈妈思考过这个问题，她认为阅读的内容是什么并不重要，孩子迷恋的是和母亲在一起

的这一段温馨时光，以及语言的魅力所带给孩子的快乐。

一开始，曼曼只是充当听众的角色，无论妈妈读什么，她都安静地听着。渐渐地，曼曼开始提问，还会和妈妈讨论故事情节。故事讲完了，她还会续编故事。妈妈惊喜地发现，曼曼的词汇量越来越丰富，语言能力也越来越强。比如，有一次，曼曼看到一只小狗在路上慢慢地走。她说："一只孤独的小狗，它看起来很忧郁。""忧郁"并不是口语化的词汇，曼曼不但学会了这个词，而且运用得非常恰当。

再后来，曼曼开始要求和妈妈一起"看"书。妈妈想，这或许是因为曼曼觉得书很神奇，有那么多好听的故事、好玩的游戏、动听的诗歌，她迫不及待地想要自己走入这个世界。于是妈妈每次读书，都用手指着文字，一句一句地念。曼曼虽然并不认识字，但是她随着妈妈手指的滑动，看得非常认真。妈妈讲完了之后，她会自己把书拿过去，颠来倒去地看上很长一段时间。后来，突然有一次，妈妈发现曼曼竟然把一首很短小的诗歌完整地念下来了，并且是用手指着，丝毫没有错误。妈妈惊讶极了，以为曼曼把这些字全部认得了。于是她随意找了几个字给曼曼念，发现曼曼并不能全部认识，这才知道，原来曼曼是完全凭借记忆背出来的。

不过这有什么关系呢？妈妈想。她依旧坚持用手指着给曼曼读书，曼曼依旧一边听，一边读，非常认真。慢慢地，妈妈发现曼曼真的认识字了，而且认得的字越来越多。到上小学之前，曼曼几乎可以自己一人看完整本简单的故事书。

一盏灯、一本书、一个温柔的妈妈、一个认真倾听的孩子，这世上还有比这更温馨、更令人心动的画面吗？难怪有人将亲子阅读称为"最美的时光"，这是母亲和孩子之间最为亲昵的时刻。

远不止情感增进这一方面，正如曼曼妈妈所看到的，曼曼身上所展现出来的一系列惊人变化都是阅读带来的。孩子在语言和识字发展最为迅速的敏感期，妈妈并没有专门给孩子开辟这两门课，而仅仅是通过阅读，就让孩子在不知不觉中掌握了这两项技能，可以说是"意外收获"。

记得看到过一段文字："你或许拥有无限的财富，一箱箱的珠宝和一柜柜的黄金，但你永远不会比我富有——我拥有一位读书给我听的妈妈。"那就让我们尽情地享受这世上最美的时光吧——和孩子一起阅读。给孩子人生中最值得珍惜的、最宝贵的财富——亲子阅读！

学习，要"适可而止"

"芊芊，快来！看妈妈给你买来了什么？"

芊芊飞快地跑过来，打开一看，高兴地跳起来："是我想要的学习机！"

"对呀！芊芊想要，妈妈就买来了。"自从上次芊芊在表哥家看到学习机之后，就对这个既会说话，又会唱歌，还能插卡片的机器念念不忘，一心想要一个。妈妈心想：学习机对孩子的教育有帮助，孩子想要就给她买吧。

看到芊芊兴奋的样子，妈妈趁机提出要求："我们按照配套的课本，从第一章开始，每天学习半个小时，好不好？"

"好！"芊芊毫不犹豫地回答。

于是，第一天，在妈妈的指导下，半个小时的学习时间很快就结束了。芊芊还想再玩一会儿，可妈妈不同意，她怕孩子一下子学得太多吸收不了，于是就把学习机收了起来，并对芊芊说："我们明天再继续。"芊芊不太情愿地答应了。

第二天、第三天……芊芊每天一吃完晚饭，就迫不及待地要求妈妈把学习机拿出来，又是听故事，又是读单词，又是做简单的数学加减运算，非常认真。而且每次时间到了，芊芊都不肯结束。妈妈看在眼里，喜在心里，开心地想：照这样下去，芊芊很快就能把学习机配套的第一阶段内容学完了。

可没过多长时间，芊芊对学习机就失去了兴趣。有一天晚上，她直接跟妈妈说："我不想学习！我要睡觉！"

"不行！"妈妈干脆利落地回答，然后又哄芊芊，"乖宝宝，半小时很快就过去了，我们早点学完，早点休息，好不好？明天妈妈带你去吃肯德基。"

"好吧。"芊芊噘着嘴答应了。可她实在太困了，迷迷糊糊的，平常半小时的内容学了将近一小时才结束。到了床上，她头一沾枕头就睡着了。

从那以后，芊芊对学习机的热情大减，每次都要妈妈催促，才磨磨蹭蹭地打开学习机。而且学习的时间也越来越短，不到半小时就嚷嚷着要看电视。妈妈很生气，不允许芊芊这样不守规矩，一定要芊芊完成半小时的学习任务，并且要保证学习质量。芊芊更不乐意了，每次都要跟妈妈对着干，妈妈想尽办法，连哄带骗，可是效果都不好。妈妈就纳闷了：怎么会变成这样呢？

每个孩子天生都是热情的学习者，他们对一切新鲜事物都有着强烈的好奇心、用不完的精力和无休止的探索欲望。但是如果突然有一天，他们没有学习的热情和兴趣了，变得不爱学习，也不愿再去探索与研究新奇的东西了，那么我们大人就应该反思一下自己了。

芊芊从一开始对学习机的狂热到后来变成了逃避，她是在用自己的方式抗议大人强加给她的学习压力。爸爸妈妈要以此为戒，不要给学龄前的孩子强制性的智力型学习任务，这样会给孩子造成压力。一旦孩子感到了压力，再有趣的玩具也会变得索然无味，从而失去学习的热情和兴趣。所以，父母要想保持孩子的学习热情和兴趣，就不要给孩子强加学习任务，要让孩子在玩中学、学中玩，给孩子营造一个宽松愉快的学习环境。

带孩子到大自然中去

　　妈妈注意到澜澜在绘画上表现出的天赋，于是便送澜澜到绘画班学习。可是暑假才刚开始没多久，澜澜的手指就因一次意外而受了点小伤，医生说要两周左右才能恢复。爸爸提议，正好趁这段时间带孩子回乡下老家去看看爷爷奶奶。澜澜从来没有在乡下住过那么长时间，对所有的一切都充满了兴趣，小脑袋里装满了问不完的问题：为什么下雨天晒谷场上有大片的蜻蜓低低地飞来飞去？为什么小河的水总是往一个方向流淌，而不是流来流去？为什么牛的嘴巴一天到晚在咀嚼，不吃草的时候也动个不停，但是肚子却不会被撑坏……澜澜的问题有的看起来很幼稚，甚至可笑，但是爸爸并没有嘲

笑她，而是耐心地带着她去观察，去寻找答案。

由于没有了绘画任务，澜澜天天跟着爸爸和村子里的小朋友们在外面玩耍：在小河的石头缝里捉虾；用米筛装上饭粒捞鱼；在竹竿头上粘上面团捉知了；和爷爷奶奶一起上山挖野生葛根……澜澜似乎每天都有用不完的精力。几天的时间，澜澜就被晒黑了，可是澜澜变得结实了。更令妈妈惊奇的是，原本医生说要两周才能恢复的伤口，竟然不到 10 天就恢复得很好了。

乡下度假结束了，澜澜恋恋不舍地跟着爸爸妈妈回到了城市里。妈妈有些担心，不知澜澜荒废了这么长时间，绘画水平是不是下降了很多，是否还能跟上班级其他小朋友的进度。可令妈妈惊喜的是，老师竟然说澜澜的绘画水平突飞猛进，画的树啊，草啊，小动物啊都仿佛有了生命，活灵活现的，以前画得不太好的细节问题也处理得很好。老师说，这或许跟孩子在乡下住了一段时间有关，孩子观察这些事物，这些事物的形态全都深深地印在了孩子的脑海里。妈妈不由得感叹道："都说大自然是孩子最好的老师，这句话一点都没错！"

从那时起，妈妈下定决心以后每年都要带澜澜到乡下长住一段时间，澜澜听完后高兴得跳了起来。

大自然对于孩子来说，永远是那么神奇，充满魅力和吸引力。大自然中有无穷无尽的奥秘等待着孩子们去探索、去挖掘，亲近自然正是培养孩子学习热情与兴趣的最佳途径。

在孩子学龄前，很多父母都迫不及待地想让孩子学习数学、音乐、绘画，美其名曰"赢在起跑线上"。然而，与其让孩子过早地背负上学习的压力，不如带孩子走进大自然，让孩子与大自然亲密接触，释放天性，让孩子的身与心自由成长。

"上100堂早教课不如带孩子亲近大自然。"这是我国著名心理学家李子勋对现代父母的呼吁。把孩子从钢筋水泥的世界中解放出来，与孩子一起亲近自然。春天去聆听鸟叫；夏天去下河摸鱼；秋天去收集树叶；冬天去打雪仗、滚雪球。让孩子在尽情玩耍的过程中学会观察、探索、研究，学会自己寻找答案，让孩子永远保持对学习的热情和兴趣，这比教会他们书本知识要重要得多！

潇潇说要画画，妈妈把画板拿给他，可是潇潇画了没几分钟，就扔下画板说不想画了，想写字。于是，妈妈递给他纸和笔，可潇潇还没写完两行，就又说："妈妈，我的手累了，想听故事。"于是，妈妈把故事机打开，可潇潇听着听着，就开始摆弄起故事机来，潇潇的心思一点都没放在故事上。妈妈在一旁看着，心中暗暗着急："看来潇潇是个没常性的孩子，以后上了小学可怎么办？不行！"妈妈对自己说："一定要想办法培养他的学习兴趣。"

妈妈决定使用奖励的办法来激发潇潇的学习兴趣。潇潇最喜欢吃肯德基，妈妈怕他发胖，平常不怎么带他去。为了激励潇潇，妈妈对他说："假如潇潇每天能完成1张珠心算，一周共完成7张，妈妈周末就带你去吃肯德基。"

"耶！"潇潇高兴得跳起来。

妈妈又对潇潇说："如果你每天能写半张字，一周7天都能坚持完成，吃完肯德基，妈妈再带你去儿童乐园！"

"保证完成任务！"潇潇大声说。

一开始，潇潇每次都很自觉地坚持完成妈妈交代的任务，有时也想半途而废，但妈妈只要说一声"肯德基哦！"或者"儿童乐园！"潇潇就立刻乖乖地拿起纸和笔。

可是一段时间过后，妈妈发现这一招好像不太管用了，原因是潇潇对肯德基和儿童乐园不再那么感兴趣了。

"肯德基我吃腻了！"潇潇大声地对妈妈说。不管妈妈怎么说，甚至威胁以后再也不带潇潇去吃肯德基了，潇潇也不为所动，扔下笔，转过头去看动画片了。

"那以后儿童乐园也不带你去了。"妈妈生气地说。

潇潇头也不回地说："不去就不去！反正里面的东西我都已经玩够了。"

妈妈呆呆地站着，不知怎么办才好。

　　用奖励的办法激发孩子的学习兴趣，潇潇妈妈这一招本来也没什么错，但错就错在她过度依赖物质奖励，而忽视了对孩子精神需求的唤起。

　　一般来说，对孩子的奖励可以分为两种：一种是精神奖励，是对孩子某方面完成出色所给予的夸奖，这种夸奖可以是语言的，也可以是肢体的，甚至一个赞许的眼神、一个会心的微笑都会让孩子感觉到大人对他的肯定；另一种是物质奖励，即金钱、礼物或者好吃的东西等。

　　的确，物质上的奖励来得最直接、有效，可是它有两个弊端：一是当孩子对得到的物质失去兴趣时，就再也无法激起他们内心的动力了；二是会让孩子产生可以用学习来换取某种物质的想法，那样学习就会变成一种手段，而不是内心的需要，甚至更极端的，孩子会用学习来要挟大人，以期获得更多的物质奖励。

　　所以，大人在对孩子某种好的行为进行奖励或者激励孩子的学习兴趣时，应该首选精神奖励。3～6岁的孩子其实对物

质并没有过多的需求，相反，来自父母的爱和肯定才是他们最需要的。每当孩子取得一点进步，父母就要及时给予肯定和鼓励，看着孩子的眼睛，告诉他们"你真棒"，或者给孩子一个大大的拥抱、轻轻的亲吻，这些都可以给他们带来精神上的满足，也可以让他们感觉到自己的行为是正确的，从而进一步保持和优化这种行为。

Part9

注意力训练期：

7招教你提升孩子的专注力

　　良好的专注力是一个人有效学习的重要条件，对孩子进行早期专注力训练是我们每个家庭的重要任务。因此，每位父母都应该在孩子可塑性最强、接受能力最好的敏感期，掌握训练孩子专注力的方法，帮助孩子培养专注的能力，为孩子今后的学习与人生发展打好基础。

不要小看孩子的新发现

　　最近迪迪在学写数字，妈妈给了他一张纸和一只黑水笔，让他从1写到10，每个写一行，然后就去厨房做饭了。

　　大约半小时过后，妈妈从厨房里走出来，发现迪迪还埋着头趴在桌子上，心里很满意。于是便削了个苹果，轻轻走到孩子身边。不料一看，差点被气坏：数字只写了两行就被扔在了一边，桌上摊满了餐巾纸，迪迪正拿着黑水笔专心致志地在餐巾纸上画着。

　　"迪迪！"妈妈大叫一声，"你在干什么？"

　　迪迪吓得一哆嗦，手里的黑水笔也掉到了桌子底下："我……我在写字。"

　　"这就是你半个小时写的字吗？"妈妈气不打一

处来。

"妈妈，你看，我在餐巾纸上写字！"迪迪指着桌上的餐巾纸说。妈妈看着画满了乱七八糟线条的餐巾纸，生气地说："你哪里是在写字？你分明就是在玩！"

"妈妈，我发现一个秘密。"迪迪一边说，一边示范给妈妈看。"妈妈，你看，在白纸上写字，写出来的字很细，在餐巾纸上写字，写出来的字很粗。妈妈，你说这是为什么呢？我仔细看过黑水笔的笔尖了，很细呀，为什么写到餐巾纸上就变粗了呢？而且，妈妈，你再看，"迪迪兴奋地对妈妈说，"如果把黑水笔一直按在餐巾纸上，不需要用力，里面的黑水就会不停地往外冒，一会儿就变成了一大团……"

"你这孩子，就是做什么事都不专心！"妈妈生气地打断迪迪的话，"叫你写字，你净搞些没用的！这样下去，你以后学习可怎么办哦！"

迪迪愣愣地看着妈妈紧皱的眉头，慢慢噘起了小嘴。

妈妈责怪迪迪写字不专心，却不曾想到，她的干涉和打断才是孩子专注力形成的最大阻碍。

所谓敏感期，就是孩子表现出对某一事物狂热迷恋的一个阶段。正是因为这种迷恋，才导致孩子对迷恋对象的专注，因此这一时期正是培养孩子专注力最好的阶段。当孩子对迷恋对象失去兴趣后，或者某种行为已经能熟练掌握，就会出现另一个敏感期。所以对于学龄前的孩子来说，学什么并不重要，重要的是养成他们专心致志于某一事物或行为的好习惯。很多在大人眼中无聊的游戏，孩子却能玩得全神贯注，比如戴笔套，孩子可以玩上两三个小时，重复、机械，但他们却乐此不疲。这是孩子在手和眼发展的敏感期自我训练的一种方式，孩子完成了这一过程，他们的手和眼的协调性就得到了发展。更重要的是，在这一过程中，孩子的专注力也得到了训练。

　　迪迪停止了写字，沉迷于妈妈认为无聊的游戏，但正是这个"无聊"的游戏在悄悄锻炼着迪迪的专注力。迪迪不仅专心于他自己的发现，还提出了问题，这说明孩子的思维能力也得到了发展。可惜的是，这一过程却被急于看到学习成果的妈妈给打断了，同时打断的还有孩子的专注力。要知道，有时候怎样学比学什么更重要。所以，当你的孩子沉浸在"无聊"的游戏中时，请不要轻易打断他们，不要用成人的功利心来强迫孩子投入到所谓的"有用"的学习中去。就让孩子沉浸在他们的世界中，让他们专注于他们感兴趣的事物，这样，你才能培养出一个专心致志的好孩子。

给孩子创造
自由的环境

　　妈妈坐在窗边的桌子旁写文章，一抬头，从窗子看出去，可以看到一帆小小的身影。他蹲在院子中的沙坑里已经快一个小时了，反反复复地重复着一个动作：朝小桶里面装沙子；当沙子装满后，他又倒出来，然后再装满小桶，然后再倒出来。他就那样一个人玩着，对身边发生的一切都浑然不觉。

　　姥爷端着东西从院子里来来回回走过好几次，问一帆："要不要吃水果？"一帆头也不抬，也不说话，只是摇摇头。姥爷还想问，妈妈轻轻地叫了他一声，对他摆摆手，姥爷便笑着走开了。

　　姥姥从厨房里出来，赶紧去拉一帆："小宝贝，身上都弄脏了。快点跟姥姥到厨房里来，姥姥给你弄好吃的。""我不要!"一帆用力地挣脱姥姥,重新蹲下去装沙子。姥姥想把一帆抱走,被妈妈轻声地制止了。妈妈想看看,一帆玩沙子究竟能玩多长时间。

过了一会儿,一帆终于站起身来。妈妈原以为游戏结束了,不料一帆左右看看,突然跑到屋里拿了个饮料瓶出来。瓶子里有中午没喝完的饮料,一帆毫不犹豫地倒进了沙子里。然后,一帆转身跑向厨房,跟姥姥要了点水,再飞快地跑回来,倒在沙子里。就这样,来来回回十几趟,一帆看起来终于满意了。于是他蹲下来开始用塑料铲子搅拌沙子和水,最后索性连铲子都扔掉了,直接用手。他把沙子堆成一个大大的沙堆,然后再推平。接着他又用铲子在沙堆里挖出一个大坑,两边用沙子垒得高高的,然后再用饮料瓶去装水,倒进这个坑里。玩了一会儿之后,他似乎对这个又不满意了,于是又推倒重来,开始堆砌其他形状。

就这样,一帆沉浸在沙子和水的世界里整整三个小时,一下午的时间过去了。妈妈数次阻止了身边的人去打扰一帆,因为她知道,沙子和水对于孩子来说,就是最好的玩具。

一帆的妈妈深知孩子的天性：没有哪个孩子不爱沙、不爱水。沙和水的结合可以给孩子带来无穷的乐趣和创意，所以她选择给孩子绝对的自由，而正是在自由的空间中，一帆的专注力形成了。

孩子的世界就是这么奇妙，只要是他感兴趣的，无论是什么，他都能全心全意、全神贯注地投入其中。作为大人，我们所要做的就是给孩子自由，不要去打搅他们，让他们专心于自己喜欢做的事情。这样，孩子长大后，也能保持这一品质和习惯，在自己所喜欢的事情或事物上竭尽全力、全神贯注。

有些家长在看到孩子玩沙、玩水时，常常不由分说就把孩子拎回家，理由要么是"太脏了，搞得一塌糊涂"，要么是"万一沙子进到眼里，怎么办？"看到这样的家长，我常常会想到一个词：因噎废食。如果只是因为未知的危险而将孩子的手脚束缚住，那么不如把孩子养在温室里，因为这世卜本来就充满了未知的危险。作为父母，我们要做的是防范危险，告诉孩子在危险发生后应该如何处理，而不是一味地去限制孩子。比如：孩子玩沙玩水，我们只要教育孩子玩完后洗手、洗澡、换衣服，那么细菌就会大大减少；而沙子进入眼中，应该立刻用清水冲洗，而不能用手揉眼睛。这样既满足了孩子的需求，又让他们懂得了一些生活中的基本常识。

有意识地培养孩子的注意力

星期天，妈妈带球球去公园玩。球球放了风筝、划了游船、玩了碰碰车，开心极了。

回到家，爸爸问："今天在公园都看到了些什么呀？"

球球摸摸小脑袋，一脸迷糊地说："没什么呀！人？好多的人！"

"还有呢？"

"还有……还有……"

球球答不上来，爸爸对球球说："下个星期天我们再去一趟公园，看看春天到了，公园里都多了哪些小动物，好不好？"

"好！"球球清脆地答应着。

下一个星期天，爸爸和妈妈一起带着球球去公园。

因为爸爸事先交代了"任务"，所以球球一进公园，不再像以前一样到处疯跑疯玩，而是一边走，一边仔细看。

"爸爸，你看！水里多了很多小蝌蚪！"球球指着景观河里游来游去的小蝌蚪说。

"对的，"爸爸回答，"这些小蝌蚪长大后有的变成青蛙，有的变成癞蛤蟆。你再仔细看看，它们有差别吗？"

球球蹲下来，认真地往水里看，说："有的小蝌蚪是黑色的，有的是咖啡色的，有的身上有小斑点。黑色的小蝌蚪个头也小一些，尾巴是细细的；咖啡色的小蝌蚪个头大一些，尾巴是扁扁的、宽宽的。我知道了！"球球惊喜地叫起来："黑色的小蝌蚪长大后变青蛙；大一点的小蝌蚪长大后变癞蛤蟆！"

爸爸赞许地摸摸球球的头，然后说道："球球不但观察仔细，还学会推理了，真不错！"

"还有的小蝌蚪有两条腿，但是他们的尾巴好短！"受到表扬的球球更来劲了，再次蹲下身子仔细观察起来，然后又有了新发现。

"是啊，因为小蝌蚪长大后要变成青蛙或者癞蛤蟆，这个过程是在水里完成的。当它们的四条腿都长出来之后，就蹦蹦跳跳地上岸了。"

球球听了很开心，拉着爸爸妈妈的手，学着青蛙，蹦蹦跳跳地走开，去寻找别的小动物。

半天的时间很快过去了。在回家的路上，球球还意犹未尽，爸爸答应他下周还一起出来。妈妈悄悄对爸爸说："从来没见球球这么认真观察过事物，今天他的收获可真不少！"

我们常常会抱怨孩子观察事物不仔细、不专心，其实解决这个问题很简单，就是让孩子带着任务去观察，带着目标去学习。事实证明，在孩子没有接受任务之前，观察到的事物只有接受了明确任务之后的 30% 左右。尤其对于年纪较小的孩子来说，更是如此。

3～6 岁的孩子由于正处在细微事物敏感期，他们对事物的观察往往有大人意想不到的角度。但是因为年龄小，所以他们没有明确的目的性，有的时候只是看一眼就匆匆过去了。要想让孩子产生印象，让孩子静下心来认真观察，最好的办法就是给孩子一个明确的目标，让他在观察之前有一个概念：我要去看什么？我看到的有什么？能否回答爸爸妈妈的提问？带着

这些问题去观察，孩子就不会走马观花，就会专注于被观察对象。这样，孩子的专注力就能进一步加强，学习效率也会大大提高。

　　高度的专注力是孩子学习和做事能够成功的关键，对孩子的一生至关重要。它是一个人能高度集中精力于某一件事情的能力，是一项非常重要的素质。从小训练孩子的专注力，可以让孩子一开始就养成集中注意力的习惯，从而让孩子在以后的社会竞争中更具优势。

训练要适应孩子的身心·发展水平

　　鑫鑫上幼儿园了。几天后，老师对妈妈说，鑫鑫上课有些不专心，常常在上课的时候扭来扭去，或者发呆、出神，这都是缺乏专注力的表现，建议妈妈给孩子加一些这方面的专门训练。老师说，"找不同"就是一个不错的方法，妈妈决定回家试一试。

　　果然，鑫鑫对这个游戏很感兴趣。妈妈给他买了几本"找不同"的书，并陪着他一本一本地做。鑫鑫一开始还是很马虎，两幅图画中有三五处是明显不同的，他也常常漏掉一两处。妈妈先是让他自己找，找到一处就夸奖他、鼓励他，鑫鑫很快就有了兴趣。实在找不出来的，妈妈再指导他。这样，由易到难，鑫鑫不但掌握了"找不同"的窍门——一处一处地仔细比对，而不是笼

统地看整体全貌，并且专注力也得到了提升。老师告诉鑫鑫妈妈，鑫鑫最近上课注意力明显集中了许多，希望鑫鑫妈妈再接再厉，给孩子更进一步的训练。

妈妈得到鼓舞，很是开心，于是给鑫鑫买了更多的"找不同"的书。后来，简单一些的"找不同"的书已经难不倒鑫鑫，他做起来飞快，四、五处的找不同他常常是十几秒钟就能找出来。鑫鑫已经是"找不同"的高手啦！妈妈高兴之余，决定趁热打铁，给鑫鑫加大训练难度。

鑫鑫只有 3 岁半，可妈妈觉得 3~4 岁孩子使用的"找不同"的书早已不适合鑫鑫了。她先是买了适合 5~6 岁孩子使用的，鑫鑫的速度明显慢下来许多，但是在妈妈的帮助下，还是能够勉强做完。可当妈妈换了 7~8 岁孩子使用的"找不同"的书后，鑫鑫就开始不喜欢这个游戏了，因为每次鑫鑫都无法独立完成，即便在妈妈的帮助下，鑫鑫也很难完成任务。

渐渐地，鑫鑫变得越来越抗拒，即便妈妈强迫他拿起笔、摊开书，他也是万分不情愿。每次找不了几分钟，他就扔下笔，或者找到一半的时候，他就开始东看西看，扭来扭去。妈妈看到这种情况，更是着急，于是增加训练时间，希望能提高鑫鑫的专注力。但事与愿违，鑫鑫变得更加坐不住，后来一听到妈妈叫他"找不同"，就开始大哭。妈妈不明白，鑫鑫到底是怎么了。

使孩子保持兴趣和专注力的秘诀在于不断让孩子尝到成功的喜悦，这就是鑫鑫对"找不同"那么感兴趣的原因所在。对3岁左右的孩子来说，每次一二十分钟的时间、每次找三五个不同之处是最为恰当的，它既能让孩子体验到成功的乐趣，又不会让孩子感到疲惫厌倦，因此他们才能持续地集中注意力，这也是老师让鑫鑫妈妈用"找不同"来训练孩子专注力的初衷所在。

但是当鑫鑫妈妈看到初步成效之后，她却采取了急功近利的做法——企图通过延长时间、加大难度来使孩子的专注力得到进一步提升。所谓"物极必反"，她这样做，违反了孩子身心发展的规律，不但让孩子感觉到疲惫、厌烦，还很难让他们体会到成功的喜悦，自然就会反感、抗拒，哪里还谈得上提高专注力呢？

通过游戏等方式培养孩子的专注力本身是一个很好的方法，但无论是什么方法都应该遵守儿童身心发展规律，并且能让孩子不断地体会到成功的乐趣。过大的强度、过高的难度，非但达不到应有的效果，反而会导致事情向反方向发展。所谓"欲速则不达"，就是这个道理。

Part10

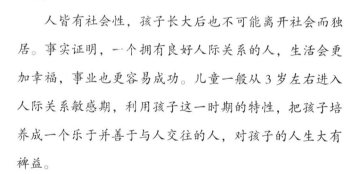

人际关系敏感期：

培养孩子良好的社交能力

人皆有社会性，孩子长大后也不可能离开社会而独居。事实证明，一个拥有良好人际关系的人，生活会更加幸福，事业也更容易成功。儿童一般从 3 岁左右进入人际关系敏感期，利用孩子这一时期的特性，把孩子培养成一个乐于并善于与人交往的人，对孩子的人生大有裨益。

懂礼貌是好孩子的标配

　　恬恬父母被派去进修一个月，正在放暑假的小姨就担负起照顾恬恬的任务。小姨很喜欢恬恬，但她发现，恬恬的脾气不太好。小姨跟恬恬妈妈提过此事，妈妈不以为然地说："这是现代独生子女的通病，每个人在家都是小公主、小王子，长大了就好了。"可小姨不这么认为，她决定帮恬恬改改坏脾气。

　　一天，恬恬想看书，可是书柜很高，她够不着，于是就大叫："喂！喂！快点帮我来拿书！"小姨就坐在旁边，假装没听到。恬恬又叫了两次，小姨还是没反应。恬恬快步走过来，一把拍在小姨的身上："叫你帮我拿书都不理我！"

　　"你是在叫我吗？"小姨故作惊讶地说。

"家里就我和你两个人，不是叫你，我叫谁呀？"恬恬气鼓鼓的。

"可是你应该叫我'小姨'，或者叫我名字安缇，我可不叫'喂'呀。"小姨说。

"好吧，"恬恬想了想，不太情愿地说，"安缇，帮我拿书。"

"现在你是在请我帮忙吗，恬恬？"

"是的，你到底帮不帮我拿啊？"恬恬有些不耐烦了。

"请人帮忙要说'请'字，对不对？再说你的语气可不怎么好，我听了不舒服，心里就不怎么情愿帮你忙啦。"

恬恬噘起了嘴巴，她不想听小姨的，乖乖说"请"字，于是便站在那里，两个人陷入了僵持。

小姨也不去管她，自顾自看起了书。过了一会儿，恬恬拉拉小姨的手，说道："小姨，请你帮我拿书，好吗？"

"好啊！"小姨开开心心地站起来，帮恬恬把书拿下来。恬恬拿了书想跑开，小姨叫住她："恬恬，你忘记跟我说什么了？"

恬恬想了一会儿，一拍脑袋："噢，谢谢小姨！"

"不用谢，恬恬！"小姨甜甜地笑着说，"小姨很乐意帮你的忙，你是个有礼貌的好孩子。"

恬恬不好意思地跑开了。

之后类似的事情发生时，小姨都会不失时机地提醒恬恬："好好说话。"有时候恬恬发脾气、哭闹，小姨也不去管她，决不妥协。慢慢地，恬恬学会了礼貌用语，遇到事情也学会了用商量的语气。

正如恬恬妈妈所说，现在的孩子大多是独生子女，家中大人娇惯，所以养成了唯我独尊、颐指气使的坏毛病，而这些毛病对于孩子今后的人际交往非常不利。那么怎样才能让孩子改掉这些坏习惯，学会尊重他人呢？恬恬的小姨给了我们一个很好的示范：模拟人际交往的氛围。

恬恬的语气不好，小姨并非真心和她计较，只是想通过平等的交流让她明白：这样的说话语气、这样的人际交往方式是不受欢迎的。让孩子在真实的情景中体验被别人拒绝的感受，就更容易让他们接受对的方式。

体验是最好的老师，这比说教一千遍还管用。事实证明，适当的受挫和大人的教育相结合，更容易帮助孩子建立起正确的观念。当孩子了解了该如何与他人交往、相处后，他们就会获得更多的友谊和快乐，从而建立起人际交往的基础。

孩子们的规则更简单

星期六的晚上，爸爸妈妈带嘟嘟到爸爸的一个领导家做客。恰好领导家的孙子陶陶也在，两个孩子年龄相仿，很快就熟悉起来，玩到了一起。

大人们在说话，孩子们在玩耍。突然，陶陶大声叫起来，叫声儿手能把屋顶都掀翻。大人们赶紧跑过去看，原来两个孩子在争一个玩具，四只小手都紧紧地抓住那个玩具，谁都不肯让步。嘟嘟小脸憋得通红，陶陶则不停地高声尖叫。

"嘟嘟！"妈妈抢上一步，把嘟嘟的手从玩具上拽开，"怎么这么不懂礼貌？赶快还给小哥哥。"

"我不！"嘟嘟大声说，"这是我先找到的，我还没玩，他就上来跟我抢。"

"是我家的玩具！是我家的！"陶陶大叫。

"好的，好的，还给你，陶陶不生气了哦！"嘟嘟爸爸赶紧把玩具塞到陶陶手中。

"我是弟弟，妈妈你说过哥哥要让着弟弟。"嘟嘟的声音中带上了哭腔。

"我们是客人，是到陶陶家做客的……"妈妈话没说完，嘟嘟就开始哭起来："可上次芊芊到我们家做客，你也要我让着她，你说她是妹妹，她是客人，我就要让着她。妈妈，你说话不算话，我再也不听你的了！"

领导也在劝自己的孙子把玩具让出来，可陶陶不愿意。嘟嘟爸爸尴尬地摇摇手，说道："不用不用，这孩子，太不听话了，回家我再教育他……"

嘟嘟一听"回家"两个字，就坚决要回去，拉着妈妈的手，一边哭一边往外拽。陶陶愣愣地站着、看着，突然，他跑上来，把玩具往嘟嘟怀里一塞："你不要走，我把玩具给你。你不要走，好不好？"

玩具的诱惑力好像真挺大，嘟嘟咬着嘴唇，想了一会儿，说："那好，我不走了，不过你得答应我，不再和我抢了。"

"我不抢，我不抢。"陶陶保证似的连声说。"不过，"

陶陶放低了声音，带着恳求般的语气，"那你不玩了的话，能不能让我玩一会儿？"

"好吧，"嘟嘟很慷慨地答应了，语气像个骄傲的王子，"不过你得等我玩够了。"

陶陶答应了，两个孩子又手牵手到一边去玩了，剩下三个大人，你看看我，我看看你，不解地笑了。

孩子的世界就是这么奇妙，前一分钟还在为一个玩具争得面红耳赤，后一分钟又你说我笑，好得像一个人一样。

正如大人的世界常常充满着矛盾和纠葛，孩子们也有自己的纷争和烦恼，有的时候是一块糖，有的时候是一个玩具。他们会争吵，会哭泣，会发怒，甚至会打闹。在保证安全的条件下，大人们最好不要插手孩子之间的纷争，让孩子们自己去解决。正如孩子长大后也要处理复杂的人际关系一样，孩子们从小就应该学习这方面的技能，这也是今后立足社会所必需的一项本领。

孩子本身就是在吵吵闹闹中学会如何处理人际关系的，在这一过程中，孩子们会形成只有他们自己才懂的规则。因此大人不要用所谓成人世界的规则去影响他们，放手让他们自己去处理，结果往往比大人的干预来得更好。

孩子也有自己的小群体

芮芮家搬进了一个新小区，妈妈发现她总是站在阳台，看着楼下嬉笑玩耍的孩子们。妈妈知道她寂寞，鼓励她结交新朋友，比如对门的阿源，比芮芮只大半岁。但芮芮摇摇头，说："我不想跟男孩子玩。"

妈妈顺着芮芮的目光看楼下，花坛边有三个五六岁的女孩在一起玩，芮芮的眼中充满了羡慕和向往。妈妈知道，芮芮是想和她们一起玩。

于是，在一个周日的下午，妈妈拿着新烘焙的小点心，带着芮芮，走近了那三个女孩。小点心很快"收买"了三个小女孩的心，片刻工夫，她们就接纳了芮芮。远远地看着四个小女孩愉快地玩耍，妈妈心里充满

了安慰。

从那以后，芮芮每次放学回来都要到楼下和那三个小女孩一起玩。四个小伙伴有时手拉着手，徜徉于小区的花坛、健身区；有时在一起窃窃私语，发出一阵阵欢笑声；有时一起分享零食、点心；有时又头碰头，一起看漫画书、故事书。

当然，四个小朋友也有意见分歧的时候。比如她们约好一起去捉蝴蝶，蝴蝶捉到后是放在瓶子里好，还是塑料袋里好？各人有各人的意见。后来她们决定举手表决，三票决议放在塑料袋里，一人说放在瓶子里，最后决定用塑料袋，上面扎几个孔，这样蝴蝶就不会闷死了。很显然，她们已经学会了商量，并采用了民主的办法。

有时候几个好朋友也会闹矛盾，尤其是当其他三人对一人说"你再怎么怎么样，我们就不和你玩了"时，被排除在外的那个人看起来心事重重、十分忧郁。这种忧郁是大人无论用什么办法都无法排解的，只有当另外三人原谅她，她重新回到这个小团体中时，她才能重新快乐起来。

孩子渐渐长大，学会了自己挑选朋友，芮芮拒绝跟小男孩玩，这说明她已经开始有了自己的择友标准。研究发现，孩子在 5 岁之前，交友方式一般是一对一的单独交往，之后就开始进入新的发展阶段：以三五人为单位的小团体交往，并且选择交往对象更倾向于精神上的交流，从而结束以物易物的交换方式。

通过这种小团体的交友方式，孩子学会了表达情感、分享快乐、团队协作以及民主解决问题等人际交往活动中的行为方式。在这个小团体中，孩子们有自己处理事情的方法。通常不需要大人插手，他们就能够处理得很好。孩子们在交往的过程中会慢慢形成一定的规则，这个团体中的人都必须遵守这个规则，否则就会受到批评甚至排斥。违反规则的孩子通常会很快改正这一错误，因为他迫切地需要重回集体。这对于培养孩子今后的团队协作精神以及遵守规则的好习惯是很有帮助的。

结束物品交换、一对一的交友方式，进入小团体的交往方式，证明孩子的人际关系敏感期到达了一个新的高度。而在这个小团体中所学到的处理朋友之间关系与矛盾的技能，则是孩子们今后走向社会、处理人际关系的重要基础。

为孩子搭建
友谊的桥梁

　　韵韵 3 岁了，妈妈把她送去上幼儿园。老师告诉妈妈，韵韵在学校里很胆怯，性格也很内向，不喜欢说话，也不喜欢和小朋友交往，常常一个人躲在角落里发呆。妈妈想，这或许和韵韵从小由奶奶带大有关。奶奶腿脚不方便，所以通常不带韵韵下楼。韵韵平日里都是和奶奶在一起，无论做什么事，都很依赖奶奶，与其他小朋友接触的机会也少，这些都是造成韵韵胆怯、内向的原因。妈妈决定听从老师的建议，多带韵韵出去走走。

　　平时放学后，妈妈会尽量早下班，带韵韵到小区的公共区域玩耍。那里的孩子多，每天傍晚都很热闹。

韵韵一开始只是远远地看着，眼中充满了羡慕与渴望。妈妈问她："要不要和其他小朋友一起玩？"她点点头，又摇摇头。妈妈知道她想，但是不敢，于是决定帮帮她。

妈妈私下和其他小朋友的家长交流，请他们鼓励自己的孩子来找韵韵玩，当然还不忘记准备一些小礼物。当其他小朋友来找韵韵时，韵韵本能地躲开，但是在妈妈的鼓励下，她终于肯牵着小朋友的手一起去玩了。刚开始，她还是徘徊在妈妈身边，要不时地看看妈妈才安心。但后来随着朋友越来越多，她的活动范围也越来越大，开始能够跑开很远，和小朋友们到远离妈妈的地方玩了。

随着朋友的增多，韵韵的性格也越来越开朗，就是胆子还有点小。尤其是在人多的时候，还是不大愿意说话。妈妈发现韵韵的记忆力和模仿能力特别强，数数、背古诗、讲故事都很好，于是便有意地创造条件让韵韵在人前表演。先是鼓励韵韵在家人面前展示，每一次家人都给予热烈的鼓掌。当韵韵有了信心之后，她开始鼓励孩子在亲朋好友面前表演。一开始，韵韵还有些扭扭捏捏，但次数多了，她变得越来越自信，也越来越喜欢

和人打交道了。

一段时间过后，妈妈惊喜地发现，以前那个胆怯、内向的韵韵长大了，变成了一个开朗、活泼、大方、自信的小女孩。老师告诉妈妈，韵韵在学校里也有了很多好朋友。韵韵对妈妈说，她每天都很开心。

有的孩子生性腼腆，有的孩子因为成长环境关系而内向胆怯。在孩子3~6岁的人际关系敏感期，爸爸妈妈若是能够及早发现孩子的这些问题，就可以帮助孩子克服困难，走进人群，学会与人交往。

父母要帮助孩子克服胆怯，鼓励和赞美是让孩子信心倍增的最好方法。只要看看他们的目光就可以知道，胆怯的孩子不是不喜欢掌声，而是面对那么多的人，他们会感到不安和紧张。所以父母要尽可能地创造条件，让孩子多接触人群，发现他们的长处，鼓励他们勇敢地表现自己。这也许不是一朝一夕能够实现的，孩子的表现也会有反复，因此家长要有心理准备，多鼓励、不责骂，让孩子慢慢成长。

对于不善于和他人交往的小朋友，父母要学会为他们搭建友谊的桥梁。韵韵妈妈的做法就很值得借鉴，自己的孩子不敢走出去，就想办法让别的小朋友来拉她走出去。孩子从3岁开

始，内心就有了与人交往的渴望，尤其是对同龄的孩子，更是渴望能彼此成为朋友，只不过因为胆怯、不知如何与人交往而暂时搁浅而已。随着朋友的增多，孩子体会到交往的乐趣，更能在交往的过程中学会如何与人相处，慢慢地，孩子就掌握了人际交往的技能。之后，不需要家长的帮忙，孩子也能快乐、和谐地与人相处了。

Part11

想象力膨胀期：

不要抹杀孩子的创造力

　　举世闻名的艺术大师毕加索曾说过这么一句话："孩子是天生的艺术家。"作为家长，我们应该努力发掘孩子的创造力和艺术天性。想象力膨胀期是孩子艺术细胞日渐苏醒的时期，是发现并培养孩子艺术天性最好的时机。

不要破坏孩子
天马行空的想象

　　炯炯的幼儿园要举行一次绘画艺术展，主题是"我眼中的未来世界"。炯炯很喜欢画画，一连好几天，他一放学回来就趴在桌子上画啊画，今天终于完工了。

　　炯炯开开心心地把完成的作品拿给妈妈看，妈妈一看，眉头就皱了起来："炯炯，你画的这乱七八糟的是什么呀？"

　　"这是我的汽车家。它有翅膀，可以飞；要是想散步的话，就可以把脚从汽车里伸出来，慢慢地走。我们一家人住在汽车里。这是它的大嘴巴，所有吃的东西都从这里塞进去，它吃饱了，我们就不用吃饭了。"

　　"汽车变飞机还能解释得通，"妈妈不以为然地说，

"可汽车为什么要有脚？四个轮子不是跑得更快吗？汽车吃饭，我们人不吃饭，那不要饿死吗？这又是什么？"妈妈指着河里几个像鲨鱼一样的东西。

"那是我们人类的宠物，它们专门吃河里的脏东西。"

"把鲨鱼当宠物？"妈妈笑了，"还帮你吃河里的脏东西？那它们吃了不会死啊？"

"不会啊，你看它们有那么长的尖牙齿，能把脏东西磨碎的。"

妈妈不屑于跟炯炯争论有关环境污染和鲨鱼生病的问题，指着图画的上方问："这太阳上绑根绳子是什么意思？"

"这绳子的一头连着太阳，另一头连着我们的汽车家。汽车跑起来，太阳就跟着咕噜噜滚起来，就像电风扇一样。不过太阳风是热的，可以煮开水，还可以取暖。"炯炯得意地说。

妈妈一听几乎笑出声来："你也太异想天开了吧？那妈妈问你，怎么才能把绳子接到太阳上去？那还不被烧坏啊？"

炯炯回答不出妈妈的问题，很不开心，噘着嘴拿回自己的画。妈妈耐心地对他说："未来世界需要想象，但你这想象太离谱了，不行，必须重画，否则得不到奖的。"

"我不！"炯炯大声抗议，"这是我眼中的未来世界，又不是你的！"

"那你得不到奖我可不管啊！"妈妈吓唬炯炯。炯炯头也不回地走开，并说道："得不到奖就得不到，反正我就是这么想的。"

比赛的结果出来了，炯炯获得了一等奖，妈妈大跌眼镜。

妈妈认为炯炯的画得不到奖，是因为她用了成人的眼光和思维去衡量一个孩子的想象力。孩子眼中的世界跟我们成人的是有很大不同的，他们的视野是感性的、灵动的、随性的、跳跃的，因此他们的想象也是天马行空的。大人要用宽容、鼓励的态度让孩子自由发挥想象力，而不是用经验来禁锢他们。

对于孩子的创意想法，我们不可以直接说："错。"因为这样会打击孩子思考问题、回答问题的积极性。相反，我们可以这样说："嗯，想法很有创意，不过可以再想想，还有没有更好的想法。"以此激励孩子更进一步地思考。总之，我们的回

答一定要以激发孩子积极思考问题为出发点。

对于孩子的艺术创作，我们不应该自以为是地去指指点点，对孩子说"你这儿不对，那儿不好"。我们应该成为孩子艺术作品的欣赏者，而不是指导者；我们要鼓励孩子插上想象的翅膀，让孩子在艺术的世界中自由飞翔。

那是孩子谱写的华丽乐章

　　丁丁4岁半的时候，有一天妈妈去幼儿园接他。他拉着妈妈的手说："妈妈，我们教室里有一架钢琴。"说完便拉着妈妈走进教室。原来他所说的"钢琴"就是教室后排的暖气片。丁丁得意地对妈妈说："这是我发现的，老师和其他小朋友都不知道。"

　　丁丁放开妈妈的手，用指甲在暖气片上轻轻地划过，暖气片发出悦耳的声音。丁丁转过头看着妈妈："妈妈，你听，是不是和钢琴的声音一样好听？"

　　"是的。"妈妈回答，"丁丁竟然能找到大家都不知道的钢琴，真棒！"

　　"妈妈，我还能弹曲子呢！"说完，丁丁认真地在暖气片上敲击起来，一边敲，一边唱歌。虽然丁丁敲出

的根本不能称为"音符"，跟他唱的歌也半点不搭调，但看着丁丁半眯着眼睛，嘴里高声地唱着，非常投入、非常陶醉的样子，妈妈一点也不忍心打断他。

"好听吗，妈妈？"丁丁"自弹自唱"表演完毕后，兴奋地问。妈妈点点头："很好听。"

"那我再弹一首给你听。"丁丁立刻开始了第二首曲子。就这样，丁丁一直弹了半个多小时，才恋恋不舍地跟妈妈回家。

从那以后，每次妈妈到幼儿园接丁丁回家，丁丁都要拉着妈妈在教室后面的暖气片上"弹奏"一会儿。后来，丁丁还找到了很多类似的"乐器"。

比如，在吃饭的时候，不锈钢勺子从丁丁手中滑落，碰到了碗边，发出"叮"的一声脆响。丁丁立刻像发现新大陆一样，拿起勺子，在不同的碗和盘子上敲击。丁丁一边敲，一边仔细听，然后高兴地告诉爸爸妈妈："你们听，碗和盘子也会唱歌。"的确，敲在不同的碗和盘子上发出的声音也不同，高高低低，真的很像一首曲子。

就这样，丁丁不断地在生活中寻找并发现各种"乐器"。妈妈发现，这并不比让他倾听或者弹奏正规乐器获得的快乐少。

丁丁在音乐敏感期的表现就是不断发现生活中各种有趣的"乐器"。对于一般孩子来说，音乐敏感期通常出现在 4 岁左右。这个阶段的孩子对声音特别敏感，尤其是带有节奏感和乐感的声音，更能引起他们的关注和兴趣。因此，作为父母，应该努力给他们提供宽松的音乐环境，让他们的乐感在这一时期得到最大限度的发展。

很多对音乐刚刚有所感应的小孩子喜欢用筷子击打桌子、碗、地板，甚至用小木棍敲响饼干盒、玩具小火车……在成功满足孩子想通过制造声响吸引大人注意愿望的同时，我们还应该鼓励他大胆进行自我表达，对外界保持敏锐感知，积极主动探索大自然不同的节奏与韵律，进而培养他们健全的体格和良好的社交能力，这也是音乐带来的潜移默化的影响。

说到音乐环境，大多数家长或许会想到各种乐器或音乐培训班。其实对于孩子来说，音乐无处不在。凡是能够发声的物件，在他们的耳中都是乐器。当然，他们会慢慢喜欢让他们感到愉快的音乐，而对于调皮捣蛋所制造出的噪声，他们会自然而然地放弃。和绘画一样，每个孩子都具有天生的音乐品质。当听到欢快的曲子时，他们会微笑，会随音乐起舞；而当听到悲伤的音乐和歌曲时，很多孩子会流泪，这就是最好的证明。

给语言插上想象的翅膀

胜胜说话比较晚，到了 3 岁的时候，突然变得比以前爱讲话，还时不时冒出一两句"惊人之语"。

比如，幼儿园有一次举行亲子活动，老师站在场地上叫："小朋友们围成一个小圆圈，家长们在外边围成一个大圆圈……"胜胜立刻焦急地纠正老师："老师，你说错啦，是'小小朋友'和'大小朋友'！"家长们听了，全都乐了。

有一段时间，胜胜变得有些叛逆，他发觉和大人的意思相反就是说"不"字，于是无论别人说什么，他都在前面加上一个"不"字。但有些时候加的位置不对，令人忍俊不禁。比如，妈妈让他再吃一个包子，他摇头不肯吃，妈妈说："再吃一个，胜胜吃得下。"他很

生气，大声反驳妈妈："胜胜不再吃一个，胜胜不吃得下！"妈妈要去上班，他缠着妈妈，大叫："不妈妈去上班！不妈妈去上班！"大家常常被他逗得合不拢嘴。随着慢慢长大，胜胜发现了说"不"字的奥秘，没有人刻意纠正他，但他就是自己学会了。比如，"不妈妈去上班"变成了"妈妈不去上班"，"不胜胜吃得下"变成了"胜胜吃不下"。

有一次，汽车在高速上行驶，胜胜要开窗，妈妈对他说："这是高速公路，不能开窗的。"胜胜问："那到了矮速公路，我们是不是就能开窗了呢？"妈妈听了笑坏了，原来胜胜把"高"和"矮"这一组反义词"活学活用"到了这里，也真是独特的创意啊！

随着胜胜语言表达能力的逐渐提高，胜胜在日常说话中也渐渐用到了书面语。有一次，妈妈满屋子追着一只苍蝇打，可就是打不着。一旁看热闹的胜胜慢悠悠地说："苍蝇逃之夭夭，妈妈你心急如焚也没有用。"妈妈惊讶地问他哪里学的这两个词，他却说不上来，想了半天，回答道："电视里听到的。"妈妈张着嘴半天没回过神来，胜胜鹦鹉学舌没什么，但是他却能如此贴切情境地使用真是令人惊奇。

胜胜带给妈妈的惊喜每天都在发生。比如一天晚上讲睡前故事时，有一只蚊子在眼前飞来飞去，胜胜不耐烦地挥着小手赶蚊子，突然编起了诗："一只小蚊子，飞到东来飞到西，嗡嗡嗡嗡叫不停，一个巴掌拍死你。"

这首诗，不仅有趣，而且押韵，妈妈紧紧地将胜胜搂在怀里，心里充满了骄傲。

孩子天生是语言的学习者与创造者，他们总能带给大人意想不到的惊喜。尤其是在语言敏感期内，孩子语言能力的突飞猛进，常常令大人们瞠目结舌。从这点意义上来说，他们简直就是诗人。

生活是孩子语言学习的第一来源，因此大人们在孩子牙牙学语时，就要注意语言用词的规范性和准确性，这不但能起到一个语言标准的示范性，还能给孩子一个良好的人文环境。

当然，孩子的语言总是充满奇思妙想，家长应该尽力给孩子一个宽松自由的环境，让孩子身心放松，这一点尤为重要。因为身心放松的孩子对语言的感受力更加敏锐，他们不仅在学习，同时还在发明创造。有些用词不当的现象会随着他们年龄的增长、经验的积累和知识的丰富逐渐消失，而在宽松自由环境中养成的大胆的语言表现力则会得到提高，这一切都跟孩子的语言能力在语言敏感期是否得到足够发展密切相关。

孩子是天生的艺术家

    蕊蕊、思思和晴晴三个孩子头碰头挤在一张小桌子上，老师走近一看，原来三个女孩正在给《巴拉拉小魔仙》中的一个小魔仙涂色。孩子们一边专心致志地涂，一边还不断地在商量。她们有时回忆电视剧中小魔仙的服饰颜色，按照记忆涂，有时又争论着改换颜色，涂上她们所认为的更漂亮的颜色。虽然拿着画笔的小手还有些笨拙，有时会涂到线外，但很快，一个戴着美丽头饰、穿着绚烂长裙的小魔仙就出现在了画纸上。

    涂好颜色之后，三个女孩看起来对自己的作品很满意。她们凑在一起，叽叽喳喳地说了半天。突然，思思皱着眉头说："不对，小魔仙的衣服是亮晶晶的，一闪一闪的。"

可是到哪里找一闪一闪亮晶晶的涂料呢？三个女孩犯了愁。她们在教室里转来转去找了半天，可还是没找到。突然，蕊蕊叫起来："我妈妈有亮晶晶的指甲油，是银色的，里面还有一闪一闪的银色粉末！"

"太好了！"另外两个女孩拍手叫道。她们嘱咐蕊蕊第二天把妈妈的指甲油带到幼儿园里来。果然，涂上一层银色带闪粉的指甲油后，小魔仙的长裙立刻变得银光闪闪，看起来和电视剧里的效果不相上下。

但孩子们还是不满意。她们围着自己的作品又讨论了半天，最后决定要给小魔仙的头饰装上珍珠。可到哪里去找珍珠呢？没关系，这也难不倒她们，很快她们就找到了"珍珠"——竟然是胶水。

她们把胶水一个点一个点地粘在小魔仙的头发上，然后拿到太阳底下去晒。等胶水凝固变干后，就变成了闪闪发亮的珍珠。这下，小魔仙真的全身都"闪闪发光"了。

小魔仙算是完工了，孩子们又给她的背景进行了润色。她们非常聪明，从美工书上剪下一些花啊、草啊、蝴蝶啊、小鸟之类的贴在画纸上，这样，一幅生动而独特的美丽画卷就完成了。

这一过程，老师一直在旁边看着，没有给过任何指导意见。但是，她深深地为这三个孩子的奇思妙想所折服，在她的眼里，这三个孩子就是世界上最伟大的艺术家。

　　艺术家所创作的艺术作品之所以受到世人的追捧，就是因为它们体现了艺术家们杰出的技艺和奇妙的构想。孩子们在创作时，也会不断涌现出奇思妙想，而这正是他们富有创造力最有力的证明。

　　一般来说，孩子在3～4岁时进入色彩敏感期，他们喜欢艳丽的色彩，并且对色彩有着天生的敏感。如果你看这一时期孩子的涂色，就会惊喜地发现即便是十几种颜色混杂在一起，画面依然是那么和谐、美丽，充满了灵性。虽然他们涂色经常涂到线外，但是通过不断的练习，他们手指和手腕的灵活度会不断增强，对细节的处理也会越来越好。

　　2岁以后孩子的艺术创作大多体现在涂色、剪贴和绘画上。从最初单调的色彩到各种颜料的和谐搭配，从最简单的线条性剪纸到可以熟练剪下画报上的图片，从最初的乱涂乱画到惟妙惟肖的生动画面，所有的过程中都充满了孩子的奇思妙想和发明创造。这是一个值得孩子与家长共同经历的过程，小小艺术家就是这样产生的。

Part12

行为发展叛逆期：
以平和心面对你的"叛逆"孩子

　　3～6岁是孩子经历的第一个叛逆期，父母在这期间常常会不知所措。其实，叛逆是孩子内心产生"自我"概念的一种表现。这种叛逆心理和表现是孩子独立人格形成和自我意识成长的重要标志。家长只有读懂孩子的叛逆行为，了解孩子的叛逆原因，才能帮助孩子顺利成长为他自己最好的模样。

不要剥夺孩子说"不"的权利

　　最近，妈妈很头疼，因为童童突然多了一句口头禅："我不！我就不！"

　　出门前，妈妈让童童穿上外套，童童直摇头，妈妈帮他穿上，他自己脱下，扔在地上，说："我不穿！我就是不要穿！"

　　吃饭时间到了，妈妈让童童过来吃饭，童童眼睛盯着动画片，一动也不动。妈妈叫了好几遍，童童不耐烦地大声说："我不要吃饭！就是不吃！"妈妈很生气，走过去直接关掉电视，童童就躺在地上打滚，又哭又闹。

　　洗手间里，童童在尿尿，爸爸说了一句："别尿到外面来。"童童一听反而更来劲了，不但故意尿到地上、

垃圾筐里，还用力尿到墙上。气得爸爸抡起巴掌，狠狠地拍在童童的屁股上，童童号啕大哭。

爸爸妈妈带童童到阿姨家做客，让他叫人，他装作没听见，一转脸走到一边去了。阿姨家有一个小妹妹，妈妈让他带着妹妹一起玩，可他专心致志地玩着妹妹的玩具，理也不理妹妹。妹妹走过来要和他一起玩，他把玩具藏在身后，说："不给你！就是不给你！"妹妹哭起来，爸爸妈妈很尴尬，匆匆忙忙带着童童离开。走在路上，妈妈生气地说："下次再也不带你出来玩了！"童童一听，索性不走了，赖在地上大哭："不行！我就是要到阿姨家去玩！"

"这孩子！怎么净跟大人作对！"妈妈无奈地直叹气。

孩子突然变得喜欢跟大人作对：让他往东，他偏要往西；让他做一件事，他偏偏不肯做；而不让他做的事，三令五申禁止，他还是一定要做……当孩子出现这些令人头疼的行为时，就标志着孩子生命中的第一个叛逆期到来了。

根据心理学家的研究，每个人在一生中都要经历三个叛逆期。第一个叛逆期在 3~6 岁，当然每个人的发展不同，叛逆

期出现的时间也有早有晚。家长若知道这是生命过程中的必经阶段，就不会那么紧张。其实，所谓的"叛逆期"，只是大人们一厢情愿的说法而已，对于孩子来说，这只是他们成长的一个标志。喜欢说"不"，标志着他们人生中第一个自我意识敏感期到来了。

这个敏感期对于孩子来说至关重要，因为这是形成"自我"概念的第一个时期。大人不要强行命令孩子一切听从，要知道，这个过程一旦被打断，对孩子来说，不仅是一个痛苦的体验，也是一个无法弥补的损失。因为你剥夺了他说"不"的权利，孩子长大之后或许就会成为一个没有自我、不敢主动争取的人。因此，耐心地倾听孩子的意见，了解孩子说"不"背后隐藏的原因才是最重要的。

尊重孩子世界的秩序

　　最近一段时间，妈妈发现雪儿有一个"怪癖"：不管做什么事情，只要不合她的意，她就立刻要求重新来一遍，否则就不依不饶、大哭大闹，令人很是头疼。

　　比如，有一天有朋友到家里玩，门铃一响，雪儿和爸爸一起跑去开门。爸爸先开了门，雪儿便不乐意了，一定要重新开一遍。于是朋友再退出去，再按一次门铃，雪儿自己把门打开。原本以为这样就行了，可是她好像一直很不高兴，小嘴嘟了半天，终于哭出声来："不行！我要雪儿刚才开门！"原来她要回到第一次开门的时间，要第一次开门的不是爸爸，而是她。可时光怎么可能倒流呢？妈妈觉得雪儿简直是无理取闹。

朋友走了以后，妈妈给雪儿洗澡，让爸爸挂毛巾。可雪儿洗完澡出来后，一看自己粉红色的小毛巾不是挂在之前一直挂的小钩子上，而是和爸爸妈妈的毛巾挂在一起，于是大发脾气，一定要把所有的毛巾全都扔在地上，用脚踩一遍，只因为爸爸解释说："这些都是脏毛巾，明天要洗的。"踩完了之后，还必须由她把毛巾全部挂回原处，否则就不睡觉。妈妈很恼火，本来想揍她几下，可看见雪儿哭哭啼啼、一脸苦恼的样子，也就算了。

　　可第二天早上，妈妈是真发怒了。到了幼儿园门口，雪儿正要开开心心地走进校门，妈妈突然大声打了个喷嚏，雪儿立刻不愿意进校门了。她哭着缠着妈妈，一定要妈妈把刚才打的喷嚏"收回去"。打出的喷嚏怎么可能收得回来？妈妈解释了半天，一点用都没有。雪儿又要求重新回家，然后再出发，把刚刚来的路再走一遍。妈妈看看手表，上班马上要迟到了，决定不理睬雪儿。于是她抱起雪儿，一直送到教室里，直接交给老师，然后头也不回地就走了，留下雪儿在身后号啕大哭。

要求"重新再来一遍"，这的确是孩子在某一阶段经常出现的奇怪行为。如果无法达到他们的要求，他们就会表现出痛苦或烦躁的情绪，发脾气或者大哭。那么这样奇怪的行为到底是什么引起的呢？

这绝不仅仅是用"叛逆期"三个字就能解释的，而是因为孩子的秩序敏感期被打乱、被破坏了。孙瑞雪老师将儿童的秩序敏感期分为三个阶段：一是如果有人破坏了秩序，孩子就会哭闹不休，而这时假如秩序被恢复了，孩子也就平静了；二是孩子开始有了自我意识，试着用自己的力量去维护秩序，孩子在这一阶段经常说"不"，就是他们维护秩序的一种方式；三是孩子的执拗期，在这一时期，一旦秩序被破坏，孩子就会固执地要求重新来一遍。因此，当听到这个年龄阶段的孩子要求"重新再来一遍"时，千万不要认为他们是在捣乱，要耐心地听他们诉说，多给他们一点时间，让他们"重新再来一遍"。

当然，对于无法挽回的过去，我们要慢慢教孩子学会接受。假如他们暂时还不能理解，那么就请允许他们哭泣吧，把心中的苦恼和不满哭出来，他们就会接受已经发生的事实。

不要打扰他，
让孩子平稳度过模仿期

　　亮亮是个聪明可爱的孩子，尤其是学东西，速度特别快，几乎是一学就会。这本来是件令人自豪的事，可是妈妈却很烦恼。

　　老师也向妈妈反映，说亮亮在幼儿园总喜欢捣蛋。其他小朋友说要上厕所，他也跟着说要上厕所，可是却坐在凳子上一动不动。再问他究竟要不要上厕所，他却说："不要。"老师在课堂上提问小朋友问题，他也跟着学老师的话；如果有小朋友回答问题，他也跟着回答，重复和小朋友一模一样的话。课堂常常因此而变得一片混乱，因为小朋友们觉得这很好玩，纷纷跟着学话，弄得老师很生气。

　　妈妈回来也教育了几次，可是效果不大。

美国儿童心理学家杰罗姆·凯根曾经说过："对于儿童，模仿可以是一种获得快乐、力量、财富或者其他渴望实现之目标的自我意识的尝试。"孩子的模仿敏感期持续时间很长，因为不光是孩子，对于成人来说，模仿也一定是学习的第一步。所以当看到孩子津津有味地模仿别人说话、走路、做事时，家长们大可不必紧张，而应该感到高兴，这是孩子们正在尝试学习。

孩子的模仿一开始只是单纯的模仿，比如牙牙学语、学走路、学用手。3岁后，孩子的模仿就到达了系列模仿的高度，即他们可以根据自己的需要，将所模仿的行为、语言组合起来，以达到令自己满意的效果。无论是对哪一种行为的模仿，一般都不会超过半年。当孩子熟练地掌握了这一技能之后，他们就从模仿上升到了更高的层面——创造。

所以，模仿是孩子成长必经的过程，这一过程在成人眼里似乎是毫无意义的，因此常常打断他们，甚至认为他们在捣乱而训斥他们。其实，我们只要给他们多一点点耐心，多一点点时间，让他们平稳度过这一时期就好了。当然，当孩子模仿不良行为或者给他人造成伤害时，就要制止。制止时一定要态度温和，行为坚定，让孩子明白哪些言行可以模仿，哪些言行不能模仿。最直接有效的办法就是将孩子带离那个模仿对象，那样孩子自然也就无从模仿了。

让孩子自己选择

雯雯今年3岁，刚进入人生的第一个叛逆期。和所有叛逆期的孩子一样，雯雯变得不听话，喜欢和大人对着干。尤其是当她倔强起来，简直九头牛都拉不回来，说什么都不管用，妈妈简直束手无策。

这不，雯雯又发脾气了。妈妈带雯雯出来玩，本来说好爸爸来接就走，可是爸爸已经到了商场门口，雯雯还是不愿意离开"淘气城堡"，任凭妈妈怎么劝说都没有用。妈妈很生气，也有些泄气，想了想，对雯雯说："那好吧，现在你自己选择，要么现在跟妈妈走，坐爸爸的车回家；要么你自己在这里玩，过一个小时妈妈再来接你。现在妈妈要回家吃饭了。"雯雯想了想，恋恋不舍地扔下玩具，说："我还是跟你回去吧，我可不想

一个人在这里。"妈妈惊喜地发现，原来让雯雯做选择，比单纯的劝说、责骂效果要好得多。

之后，妈妈又试过很多次，都有很好的效果。比如，她想让雯雯收拾玩具，但雯雯还想再玩一会儿，妈妈没有像以前一样强硬地命令，而是对雯雯说："你是愿意现在就收拾玩具呢，还是十分钟之后再收拾？你自己决定吧。"雯雯很愉快地选择了后者。10分钟过后，当妈妈再次叫雯雯收拾玩具时，雯雯显得一点也不抗拒。

还有一次，雯雯突然不想去上舞蹈课了。要是在以前，妈妈肯定很着急，但这一次，她却不慌不忙地对雯雯说："妈妈学费已经交了，你要是不去上舞蹈课的话，那么我们就换一门课程吧——跆拳道。你是喜欢上舞蹈课呢，还是想去上跆拳道？雯雯自己决定吧。"跆拳道是雯雯一点也不熟悉的，再说小女孩哪里会喜欢拳打脚踢呢？雯雯自然选择了继续上舞蹈课，乖乖地拎着舞鞋跟妈妈出发了。

就这样，每当雯雯执拗的时候，妈妈总会想方设法找出几个选择让雯雯自己做决定。雯雯并不抗拒，而且能够自己决定自己的事，看起来雯雯还很享受这个过程呢！

都说叛逆期的孩子难教育，尤其是第一个叛逆期。孩子太小，有时候讲道理也讲不通，打骂的手段更是不可取，怎么办呢？雯雯妈妈的做法就很聪明——让孩子做选择。

　　孩子出现叛逆期，大多是因为孩子有了自我意识，有了想自己做决定的愿望。而家长们常常希望他们遵照大人的意思行事，所以孩子才会反抗，才会不断地说"不"。与其和孩子正面冲突，强迫他们接受大人的意愿，不如耍个小小的心眼，让孩子自己选择。所谓"心眼"，就是尽量把我们想让他们遵从的想法隐藏得更巧妙一些，并且让他们听起来更有利一些，这样孩子的反抗情绪就能轻松化解，孩子也愿意遵从我们的意思，并且是不知不觉的。

　　或许你会认为这很狡猾，但是对于叛逆期的孩子来说很管用。因为让孩子选择，他们会感觉受到了尊重，有了自主权，他们自己可以做出决定，而不是一味顺从大人的安排。这对于处在自主意识敏感期的孩子来说，是一个相当重要的体验。

Part13

心理断乳期：

给孩子最好的陪伴

　　每个孩子都要经历心理断乳期。在此期间，如果对孩子教育、引导得不好，就会影响孩子的一生。在每个人的童年中，有两样东西是不可或缺的：一是故事，二是游戏。作为父母，应该每天都抽出点时间来，给孩子讲讲故事，陪孩子玩玩游戏，享受和孩子一起成长的过程，给孩子最好的陪伴。

编故事，
培养孩子的表达力

圆圆上小学了，老师发现圆圆的语言表达能力十分强，而且还认识很多字，别的小朋友都要等着老师念故事，而圆圆下课后就捧着教室后面书架上的书看。老师一开始以为她只是在看图，后来才发现她就是在阅读文字。再后来，一下课就有很多小朋友围在她身边，央求她给他们念故事。老师心中暗暗称奇，不过更大的惊喜还在后头。有一次，学校组织了低年级小朋友"看图说话"比赛。圆圆看完图之后，当场编了一个很长的故事，人物、情节、语言组织都十分出色。评委老师都说一年级的小朋友在这么短的时间内能编出这样一个故事，真是不简单，语文水平简直赶上高年级孩子了。

为了和其他家长分享教育圆圆的成功经验，老师邀

请了圆圆妈妈在家长会上发言。圆圆妈妈和家长们分享了几点经验。

第一，从小给孩子读故事。从圆圆1岁起，妈妈就坚持每天给圆圆读故事。有些故事圆圆已经听了很多遍了，但只要孩子要求，妈妈总是不厌其烦地一遍遍读，哪怕圆圆自己都能倒背如流了，妈妈也从不拒绝孩子要求读书的请求。

第二，在阅读过程中坚持用手指着文字读。孩子随着妈妈手指的移动，通过反复的阅读，渐渐记住了很多汉字。这是一个长期积累的过程，而不是仅凭几幅识字挂图就能达到的。

第三，当圆圆大一些后，妈妈开始鼓励她讲故事。每次讲完一个故事，妈妈都会和圆圆玩一个游戏——续编结尾。她鼓励孩子根据故事情节和人物特点，充分发挥自己的想象力，将故事续编下去。一开始圆圆只能结结巴巴地讲上几句，妈妈每次都不吝于给她鼓励和赞美。随着阅读量的积累，圆圆的表达能力不断增强，圆圆续编故事结尾的能力也越来越强，有的时候竟然能讲半个小时，甚至已经完全脱离之前的故事，成为一个新的故事。妈妈笑着说，很多故事她都记录下来了，这是孩子成长最好的见证。

听完圆圆妈妈的介绍，许多家长都恍然大悟：原来
"神童"就是这样培养出来的啊！

这世上绝大多数的"神童"都不是天生的，而是后天培养出来的。圆圆的语文素养及表达能力领先于大多数同龄孩子，就是妈妈多年来精心培育的结果。

没有孩子不喜欢听故事。然而很多家长只停留在让孩子"听故事"这一层面上，却忽视了让孩子自己"讲故事"。语言的学习起初在于模仿，然后在于应用。当孩子的语言能力达到一定水平，就应该鼓励孩子多开口、多运用，续讲故事就是一个很好的方法。父母在给孩子讲故事的时候，不如多花点心思，故意在紧要关头或者在结尾处留一个悬念，然后鼓励孩子充分发挥自己的想象力，将故事继续讲下去。

一开始，孩子或许只能讲几句，甚至磕磕巴巴不完整。但无论孩子讲得怎样，家长都应该给孩子足够的鼓励和赞美，以增强孩子的自信。随着锻炼次数的增多，孩子续编故事的能力会越来越强，故事也会讲得越来越长，语言组织和表达能力也会越来越强。你会发现，孩子小小的脑袋里藏着令人惊异的潜力，他们所编出的故事常常会令你赞叹不已。

让孩子在
故事里成长

"演戏啦！大家一起来演戏！"

曼曼站在沙发上叫，爸爸妈妈走过来，问："今天演什么呀？"

"昨天妈妈给我讲《狼和七只小羊》，今天我们就来演这个。"

曼曼当然是小羊，妈妈是羊妈妈，爸爸则当仁不让地做了凶恶的大灰狼。连站在一旁看热闹的爷爷这次也被派了角色——一个胆小怕事、善恶不分的磨坊主。

演出开始了，大家都很投入。爸爸把床单披在身上，扮演的大灰狼凶相十足，粗粗的嗓音、恶狠狠的模样；妈妈扮演的羊妈妈是本色演出，慈祥、善良、温

柔；最搞笑的是曼曼，既然故事叫《狼和七只小羊》，那么故事里就有七只小羊，于是曼曼一人分演七个角色，忙得不亦乐乎。当"大灰狼"闯入家门时，曼曼装作被吓坏的样子，到处乱跑，一会儿躲在柜子里，一会儿跑进厨房，一会儿把脸盆扣在头上……妈妈惊讶地发现，曼曼把七只小羊的藏身地点全都演出来了，一点都没遗忘。

演出结束了，曼曼对爸爸的扮演大加肯定，对爷爷的表现则表示了不满意。她对爷爷说："爷爷，你要记住，你演的是个胆小如鼠的磨坊主，所以当大灰狼威胁你的时候，你应该装出很害怕的样子，把脖子缩起来，说：'大王饶命啊！'而不是笑嘻嘻的模样。"爷爷连连点头称是。

一遍演出结束了，可曼曼还是意犹未尽。她决定亲自扮演大灰狼，让爸爸做羊妈妈，妈妈做七只小羊，爷爷还是做磨坊主。妈妈记不住七只小羊的藏身地点，曼曼就在一边耐心地指点。曼曼把灰太狼玩偶找出来，戴在头上，声音也像爸爸一样，粗粗的、凶恶的，一会儿又捏着嗓子假装是羊妈妈，演得可认真了。

这样的演戏经常在曼曼家上演，通常都是妈妈讲完

童话故事，曼曼给大家分派任务，各人扮演不同角色。家长们都很配合这样的演戏，他们一点也不觉得幼稚或好笑。曼曼后来在幼儿园表演的《狼和小山羊》还获得了一等奖呢！

　　孩子是天生的模仿者，这一点在故事角色扮演中可以得到最有力的佐证。如果说听故事只是给孩子铺开了情境的画卷，那么让孩子扮演故事角色，则是让孩子身临其境，进入到故事里去体会各个人物的心理活动和情感变化。由于孩子在扮演中能很快进入故事情节，因此对故事中人物的喜怒哀乐也就有了更深刻的了解，对故事中所蕴含的道理也能够有切身的体会和更深的理解。

　　除此之外，孩子在故事角色扮演中还能飞速提高语言表达能力。正处于语言敏感期的孩子对语言学习如饥似渴，而语言能力的提高正是在不断模仿、反复应用、持续规范中得以实现的，故事角色扮演正是给孩子提供了这样一个机会。通常每一次扮演都会带来意外的惊喜。孩子在故事角色扮演中能将书面语言运用得非常好，而这正是日常生活中所缺乏的。因为在口语交际中孩子一般是得不到这样的锻炼机会的。

　　此外，3~6岁的孩子还有着强烈的表现欲望，因此故事

表演对于孩子来说有着强烈的吸引力。无须大人过多引导，孩子就能很快投身其中。当然，对于胆怯、内向的孩子，大人还是要多加鼓励。其实，每一个故事都是一场交际，孩子在这个过程中能够学会知识，懂得道理，也能够学会与人相处的技能。多进行故事表演，对培养孩子良好的个性也是十分有帮助的。

不要轻视游戏的教育意义

　　衡衡最喜欢做游戏，衡衡的父母也很喜欢陪他做游戏。因为他们发现，游戏不但是陪伴孩子成长的最好方式，也是培养孩子良好性格，全面发掘孩子多元潜能的最佳途径。

　　比如衡衡最喜欢玩的当医生游戏，需要爸爸妈妈以及其他家庭成员的加入。衡衡扮演小医生，拿着急救箱，戴着小听筒，煞有介事地为病人们诊断、医治。

　　"你肚子疼，是因为吃了不干净的东西。"衡衡严肃地对假装腹痛的病人——爸爸说，"你不能贪吃，要营养均衡，不可以喜欢的就拼命吃，不喜欢的就不吃，比如水果、蔬菜。还有，吃饭前要洗手，否则细菌就进入你

175

的肚子里啦！"爸爸连连点头称是。妈妈忍住笑，这些都是平常她教育衡衡的话，如今衡衡学得像模像样，说明他已经记住了。

"你别笑，"衡衡一本正经地对一旁乐不可支的爷爷说，"你看你的牙齿那么黄，笑起来都不好看。是时候该戒烟啦。抽烟对你的肺可不好，你没看到图片上那些抽烟人的肺都是黑色的吗？再说，你就是不在家里抽烟，可是身上也带着烟味，这也是二手烟。二手烟对孩子的危害最大。你还想抱我吗？"爷爷连声检讨，答应从明天起开始戒烟。妈妈很开心，衡衡不但开始关注健康问题，还学会关心他人了。

有一次，妈妈故意插队，被衡衡教育了一通："大家都是病人，每个人都生病了，你怎么能插队呢？要遵守纪律！"妈妈想，衡衡学会了遵守社会公德，这个教育效果可比单纯的说教要好得多。

游戏带给孩子的意义远远超过单纯的玩耍。父母假如能充分利用各种游戏寓教于乐，就能激发孩子的潜能，培养孩子良好的性格与品德。

没有孩子不喜欢游戏。对于喜欢的东西，他们总是充满了

兴趣和主动性。因此，在游戏中，他们总是积极的、主动的，脑子在飞速运转，思维在快速发展。

任何游戏都是生活的缩影，比如衡衡喜欢的当医生游戏。当他在给"病人"看病时，那些教育性质的话是从医生或者父母那里学来的，而再次从他口中说出时，这些话就再一次起到了教育意义，而且效果要远远大于父母的说教。

父母参与游戏更加具有指导意义。只要不是一个人的游戏，就必定要涉及合作、交往，孩子通过游戏模拟社会交往，对于发展孩子的人际交往能力也是很有帮助的。

总之，游戏的重要作用是发展孩子的智能，培养孩子的优良品德，等等。假如家长能多多参与游戏，那么孩子的各种能力发展就会迅速得多。

游戏是学习的另一种形式

　　晴晴4岁半的时候开始对数字产生了兴趣，妈妈知道她的数字敏感期到来了，于是想趁这个阶段对晴晴进行数学方面的教育。

　　妈妈开始教晴晴算术。一开始，简单的10以内的加减法，晴晴可以掰着手指头算过来，所以还挺感兴趣。可是，算术毕竟枯燥，而且孩子对数字其实并没有确切的概念，晴晴渐渐地便产生了厌倦情绪。妈妈开始考虑换一种既有效又能使孩子感兴趣的方法。

　　妈妈是偶然找到这个方法的。有一次，妈妈带晴晴去买东西，两样东西分别是3元和5元，晴晴脱口而出："一共8元。"店主有些惊讶："哟！这么小的孩子竟然

会算术了，真不简单哦！"妈妈递给店主10元钱，店主故意问晴晴："我找给你妈妈1元，对不对？"晴晴认真地想了一会儿，大声说："不对！应该是2元！"

回家后，妈妈夸奖晴晴："今天多亏了晴晴啦，否则就被店主多赚去1元了！"晴晴很得意。不过她发现了一个"秘密"："妈妈，我们买东西都要花钱，店主就不用花钱，想要什么就拿什么。"晴晴的语气中充满着羡慕，妈妈灵机一动，说："那晴晴也开个小店，爸爸妈妈当顾客来买东西，好不好？"

晴晴对这个游戏极感兴趣。她找来一些小东西，央求妈妈写上价格，然后一本正经地做起了小店主。爸爸和妈妈假扮顾客，他们很认真地浏览商品，挑选自己所需要的东西，然后故意给晴晴整钱，让晴晴给找零钱。晴晴每次都很认真地算，爸爸妈妈有时故意算错，也逃不过她的火眼金睛。晴晴很得意地说："我可是精明的小店主，谁能骗得了我？"

随着晴晴算术能力的增强，妈妈把价格签上的价格也进行了调整，开始有角、分出现。晴晴一开始还有些抗拒这些复杂的运算，但是妈妈带她去超市和店铺看，告诉她商品价格有零头是正常现象，一个精明的小

179

店主必须学会算这些账。就这样，晴晴的算术难度开始增加，但这是一个比较自然的过程，晴晴没有太多的觉察，因此也没有抗拒。

一转眼到了上小学的年纪了，晴晴的算术水平早已远远超过了同龄孩子。妈妈笑言："这都是'开小店'开出来的结果。"

任何一项学习都源于生活，晴晴妈妈在生活中找到了一个教育孩子学习算术的好方法——"开小店"。

数学学习中有一项很重要的内容就是算术，孩子上了小学后，就会开始接触应用题，而"开小店"则是将这两者的内容结合到了一起。由于"小店"的事情都是日常生活中必定会遇到的，所以平时在孩子心目中枯燥的数字看起来也并不那么可怕了。而且孩子天生喜欢游戏，让他们做店主，爸爸妈妈当顾客，本身就是一个很有趣的游戏，孩子在玩耍时不知不觉就学会算术了。

当然，爸爸妈妈在和孩子进行这个游戏的时候，千万不能强加给孩子这样一种意识：我们是为了学习算术才"开小店"的，否则孩子一旦察觉，就会对这个游戏失去兴趣，本能地产生抗拒。

另外，学习本身就是一个循序渐进的过程，不要让孩子一开始就做过难的算术。像晴晴的妈妈一样，由简到繁、由易到难，这才是学习数学的方法。